II 1 (8)

à M. le Comte Boni
de Castellane, député

hommage de

Louis Saillard

Le Royaume Socialiste

LOUIS GAILLARD

Le Royaume Socialiste

— CHOSES VUES —

Le Congrès de l'Unité. — La Tournée
Millerand. — Le Socialisme dans le Nord.
— Les Cent-Jours de Montceau-les-
Mines. — L'Anarchie à Châlon. —
La Mystérieuse Grève du Port
de Marseille. — Tullistes de
Calais. — Couturières de
Paris. — Mariniers de
Rouen. — Au Creu-
sot. — Peints
par eux-mê-
mes. — A
Dunker-
que.

HENRI DARAGON, ÉDITEUR,
10, RUE NOTRE-DAME-DE-LORETTE, PARIS (IX°)

1902

AU LECTEUR

Ce livre paraissant à la veille des élections peut présenter quelque intérêt.

Écrit en deux ans, presque au jour le jour, il contient sur le socialisme actuel une suite de tableaux vrais.

Les gens de bonne foi qui se sont bénévolement embarqués à la suite du gouvernement de « Défense républicaine » ne voient du socialisme ministériel que le côté chatoyant, splendide et fastueux.

Il peut leur plaire.

Les chefs socialistes chargés de représenter au sein d'un gouvernement hétéroclite la doctrine égalitaire et internationaliste

n'agissent pas autrement que leurs prédé-
cesseurs. Comme eux ils décorent, discou-
rent, favorisent et distribuent honneurs et
prébendes. Ils ouvrent comme eux leurs
salons et comme eux toujours leur salle à
manger. Cérémonies, raouts, banquets, five
o'clock, l'hiver ; garden-party, l'été, se succèdent chez les élus révolutionnaires par-
venus au pouvoir.

Ces « féroces démolisseurs de la bourgeoi-
sie » ont employé pour diriger et se main-
tenir en place de rudes moyens, de ces
moyens d'autorité demeurés les privilèges
ordinaires des gouvernements absolus.

La classe ouvrière qui croyait avec l'avè-
nement d'un chef socialiste voir enfin se
réaliser le rêve de toute une politique eut
un mouvement de joie bruyante. Elle
demanda brutalement, par une déclaration
de grève, le règlement de quinze années de
promesses. Les élus socialistes firent alors

comprendré à leurs électeurs que rien n'était changé en France. Il n'y avait sim·plement que quelques ministres de plus, des ministres d'autant plus avides et incrustés au pouvoir qu'ils avaient attendu long-temps pour y monter.

Mais le peuple demandait qu'on tint parole. Les ministres lui répondirent par la menace du fusil, par le revolver, par les charges de cavalerie, par la prison.

Une fois encore le peuple était trompé.

C'est donc chez lui, à l'heure où il était soulevé par la colère d'un espoir déçu, qu'il fallait aller chercher la vérité sur l'influence des doctrines socialistes.

D'autres écrivains ont demandé aux minis-tres en place la définition théorique du socialisme ministériel. Ces affirmations de principe, ces systèmes utopistes dictés par des fonctionnaires au coin d'un feu ad-mi-nis-tra-tif sont évidemment d'une lecture douce. Ce sont presque des poèmes virgiliens. Ces bucoliques ministérielles ont beaucoup d'agrément, certes ! Mais elles cachent la vérité sous des fleurs de rhétorique.

La vérité sociale, moins facile à trouver, est plus douloureuse à vivre.

J'ai consacré pour la connaître de longs mois de travail. Et ce ne fut pas au coin du feu.

Par la neige, l'hiver, en de mornes pays miniers, sur le pavé des villes tumultueuses, sur les quais des ports que balayait un vent âpre, aux carrefours des cités industrielles, partout où la classe ouvrière emplissait la rue de ses cris de fureur, je suis allé, écoutant, observant et notant.

Je me suis assis à de modestes tables prêtant une oreille attentive au murmure du populaire.

J'ai été reçu à des foyers sans feu sous un ciel sans soleil.

J'ai vu de près la misérable besogne des meneurs politiques.

J'ai vu des élus ôter leur masque en pleine comédie, et j'ai compris alors combien était forte l'éloquence menteuse de ces semeurs de chimères.

Les dirigeants du parti socialiste sont des rois de tragédie. Ils règnent sur un empire de misères et de ruines. Les grèves, les centres d'agitation, les logis visités par la famine, les congrès, les groupes, les sociétés d'études sociales, ces mille petites chapelles où des militants fiévreux mijotent le grand coup vainement attendu, forment ce qu'on peut appeler le royaume socialiste.

Que ce soit à Montceau, chez les mineurs, à Calais, chez les tullistes, à Rouen, chez les mariniers, à Marseille, à Dunkerque, chez les débardeurs, c'est toujours le même empire gouverné par la loi sans code de l'utopie socialiste. Partout, chez ceux qui étaient frappés de cette fièvre maligne, j'ai retrouvé la même ignorance des leçons du passé, la même indifférence envers le devoir présent, la même imprévoyance du lendemain.

Combien de fois, en considérant le mal fait au peuple par ceux qui se disaient ses éducateurs, ne me suis-je pas dit qu'il était assurément nécessaire de faire connaître sous la forme un peu durable du livre le résultat de mes observations.

C'est aujourd'hui chose faite.

Je n'ai pas, en écrivant ces pages, voulu faire une œuvre transcendante.

J'ai modestement tenté d'accomplir un devoir social, un devoir de salubrité sociale.

Février 1902.

Louis Gaillard.

LE CONGRÈS DE L'UNITÉ SOCIALISTE

LE CONGRÈS DE L'UNITÉ SOCIALISTE

La salle rouge. — Guesde contre Jaurès.

Avec son décor de drapeaux rouges, le fond rouge de ses tentures, la salle du Congrès socialiste est violente de tons. Les masses qui l'emplissent ajoutent à cette rutilance. Dans les costumes, le rouge domine. Les hommes ont des cravates rouges, des rubans rouges à leurs chapeaux ; les femmes ont, à leur robe de Congrès, des garnitures rouges. Tout le monde porte à la boutonnière cette églantine rouge que M. Jaurès appelle la « rosette officielle du parti ».

Dès l'ouverture, il est visible que les deux camps se mesurent avec hostilité.

A droite, près de Lafargue, assisté de Zévaès, Jules Guesde prend des notes. A gauche, Jaurès, entouré de ses jeunes amis, attend, en devisant, le signal de la bataille. Ce n'est pas là une

salle de conférence ouverte aux études sociologiques, c'est un club, un club de la grande Révolution : jacobins ou cordeliers. Et les deux
héros de l'aventure, assis chacun au centre de
leurs partisans, ont des attitudes... convention-
nelles.

C'est Danton contre Robespierre.

Jules Guesde, fatigué, très calme auprès de
Paul Lafargue si agité, médite. Souvenez-vous
de la parole de Danton :

— Tout ira bien encore tant qu'on dira Robespierre et Danton ; mais malheur à moi si l'on
dit jamais Danton et Robespierre !

On disait trop : « Guesde et Jaurès ! » Les
socialistes ministériels vont mettre ordre à cela.
Voici les manœuvres qui commencent. Des
citoyens parcourent les groupes et montent jusqu'aux tribunes pour distribuer aux deux mille
assistants une brochure de guerre intitulée :
Variations guesdistes. C'est le picotin moral aux
combattants. La lutte est engagée. On se traite
réciproquement de : « Vendus ! de sacs à
police ! » etc., etc.

Le bureau prend place. Allemane préside, assisté de Longuet et de Camélinat. Un calme relatif s'établit. Il n'est pas de longue durée. La question des mandats remue les masses, attise les haines.

Les faits de Dubreuilh, le secrétaire du conseil central, sont épluchés. Il est accablé d'injures. Il offre sa démission.

— Rendez les trois cents francs ! lui crie-t-on, côté Jaurès.

Ce sont ses appointements mensuels comme secrétaire du conseil.

On vote sur son cas. Les ministériels ont la grosse majorité. Des milliers de bras agitent des cartons rouges comme autant de minuscules drapeaux. Et ce sera toujours ainsi. Le secret de la majorité du clan Jaurès est, d'ailleurs, très simple. On vote par tête et non par mandats.

Le Parti ouvrier, pauvre et dispersé sur tout le territoire de la France, a envoyé au Congrès des délégués porteurs, pour la plupart, de cinq mandats. Ce serait une majorité, si l'on votait avec ce système. Mais l'autre prévaut. Et alors le

Parti Jaurès, fort de la présence à Paris de nombreuses associations, doublé par l'embrigadement de toute la « jeune littérature » anarchiste, triomphe. Les guesdistes comprennent bien leur impuissance. Ils demeurent vaincus, incapables de répondre aux dialecticiens de la force du citoyen Briand ou du citoyen Rouanet.

Pourtant parfois, du sein du clan guesdiste, partent de violentes invectives. Ces ouvriers, venus de lointains départements, animés d'une foi ardente, doublée, quintuplée par le caractère de leur mandat, ne peuvent contenir leur rage d'être ainsi joués.

— C'est un coup d'Etat ! disent-ils.

Allemane agite désespérément sa cloche d'alarme présidentielle. On l'écoute peu.

Enfin, de cette foule plus délirante que délibérante, un homme se lève. C'est un ouvrier paisible et de parole douce.

— Nous sommes venus de loin, dit-il ; nos moyens sont modestes. Nous voulons étudier les questions à l'ordre du jour.

On écoute ce sage. Allemane donne la parole aux députés du parti.

M. Viviani est invité à monter à la tribune. Il est inscrit pour deux questions. Il s'élance sur l'estrade et souffle à Allemane ces mots judicieux.

— Je ne veux pas me faire eng...... deux fois... Je ne parlerai qu'une.

C'est donc au tour de Rouanet. Il lit son rapport sur les travaux du groupe parlementaire. C'est un résumé des relations du groupe socialiste avec le cabinet Bourgeois. Il parle peu du ministère Millerand. Les ministériels acclament l'orateur. Un guesdiste proteste. M. Rouanet, riposte en priant qu'on ne l'interrompe point.

— Ce n'est pas nous qui avons applaudi ! répond spirituellement le guesdiste.

On rit. M. Alfred Edwards, directeur du *Petit Sou*, en bras de chemise, applaudit ferme.

Mais la nuit tombe. Les garçons qui font circuler des bocks — pas gratuits — protestent. La lumière luit. M. Rouanet termine son discours accueilli par les bravos des ministériels et les huées des guesdistes.

M. Rouanet avait, d'ailleurs, volontairement laissé dans son rapport quelques lacunes que les guesdistes ont comblées par leurs cris.

Cette tactique ayant réussi, M. Rouanet, à sa descente de la tribune, aborde M. Viviani en lui disant :

— Ces c..... là ! ils sont tombés dans tous les panneaux !

Les guesdistes se vengent en criant aux partisans de Jaurès :

— Tas de radicaux !

Et cet opportuno-radicalisme sera retourné, dans la séance du soir, aux guesdistes.

Il est dix heures ; le citoyen Andrieux lit son rapport sur la propagande. Quand il parle de débarrasser le parti de « voisinages compromettants et dangereux », oh ! alors c'est un spectacle inimaginable.

Les deux fractions se reprochent réciproquement leurs alliances. Les ministériels, debouts montrent du doigt le citoyen Alfred Edwards et des numéros du *Petit Sou* empalés à des manches de parapluie.

Notre confrère applaudit, bien qu'un peu pâle.

Et les guesdistes, relevant le défi, hurlent en chœur : « Galliffet ! Galliffet ! »

C'est pendant un bon quart d'heure un roulement d'injures d'une épouvantable cacophonie.

Le grabuge est à son paroxysme d'intensité quand le citoyen Andrieux fait le compte des défections des élus socialistes.

— Sur vingt-six séances.... le citoyen Jaurès a été absent vingt-quatre fois !

Les guesdistes profèrent des acclamations ironiques.

— Le citoyen Zévaès a été absent vingt fois !

C'est au tour des ministériels de triompher. Allons ! il n'y aura pas de jaloux, et le peuple, enfin, sera renseigné sur le dévouement de ses élus, à quelque clan qu'ils appartiennent.

Ce pilori de la représentation socialiste obtient un vif succès.

M. Sembat bénéficie d'une erreur d'impression,

1.

— C'est une distribution de prix, déclare M. Poullain, le jeune et bouillant député de l'Aisne.

Voilà le Congrès. Une parlote argotique, une pétaudière, un terrain où quelques chefs socialistes luttent pour leurs appétits et leurs intérêts personnels. Auprès d'eux, nourris de rêves absurdes, des hommes se jettent au visage les pires injures. Et, au plafond, au ciel de la salle, faisant comme un cadre ironique à ce lamentable tableau des passions humaines, une immense banderole est déroulée :

— *Prolétaires de tous les pays, unissez-vous !* dit-elle.

— Filous ! disent les guesdistes aux camarades d'en face.

— Vendus ! leur répondent les autres.

Après le tumulte suscité par la présence de M. Edwards aux bancs des délégués du Parti ouvrier français, M. Andrieux reprend la suite de sa harangue. Il insiste sur le « lâchage » des élus. Cette insistance, justifiée d'ailleurs par les faits, suscite un colloque entre M. Groussier

et M. Basly, auquel on reproche son éloigne-
ment volontaire du groupe socialiste de la
Chambre. Le tumulte renaît. Les invectives
s'échangent de nouveau. M. Andrieux traduit en
une phrase lapidaire l'état exact de la situation.

— Ah ! si les ouvriers vous entendaient, ils
vous jugeraient !

Cette parole quasi-historique retentit dans le
silence revenu. C'est la moralité du Congrès.

Mais, attaqués, cloués au pilori, les élus
socialistes se fâchent. M. Jaurès, très amèrement,
parle d'ingratitude. Il est urgent qu'ils se défen-
dent les élus !

M. Briand se charge de ce soin. Son discours
est une longue attaque contre le comité général.
Il accuse les guesdistes de vouloir manier les
principes socialistes comme un coup-de-poing
américain.

— Il y a manière d'appliquer les théories !

Suit un long historique des relations des députés avec les membres du conseil général.

Ce petit retour en arrière nous vaut un aveu
intéressant. M. Briand avoue qu'un peu avant le

14 juillet les élus socialistes avaient offert aux membres du conseil général d'organiser une manifestation antinationaliste dans la rue.

— Et le ministère ? dit un délégué.

Alors M. Briand émet, par mégarde sans doute, cette opinion critique :

— Citoyens, vous vous occupez un peu trop de ce qui se passe au sein du gouvernement ?

C'est là une déclaration tyrannique qui fait se soulever une fois de plus les ondes sonores du parti guesdiste.

La séance est close là-dessus. M. Briand ne s'est pas justifié de ses absences. On arrête la reprise des singuliers travaux du Congrès pour ce matin neuf heures.

— Ah ! mais ! et la question sociale ? murmure un délégué du Midi.

— Nous ne sommes pas au Musée social, lui répliquent ses voisins.

DEUXIÈME SÉANCE

Les « tricotteuses » du parti socialiste. — La scis.
sion complète.

De jolis rayons de soleil égaient, en cette
matinée souriante, la salle de bal où les élus
socialistes pincent parfois un cavalier seul.

Le club est paisible pour l'instant. Il n'est
que dix heures, et la présence des citoyennes
donne à cette atmosphère — si chargée de haine
souvent — une pureté de joie et de repos. La
Convention avait, elle aussi, ses femmes spec-
tatrices. Le Congrès nous offre à son tour un
bouquet de dames socialistes. On y retrouve à
peu près tous les types de l'époque révolutionnaire. Mme Alfred Edwards, en toilette sombre,
yeux profonds et sourire attristé, évoque une
Mme Roland très « smart ».

Mlle Guesde, la fille de l' « apôtre », sévère
et vengeresse, a des invectives à la Théroigne
de Méricourt ; Sidonie Vaillant, l'orpheline

anarchiste, est une charmante personne, un peu rouge vêtue, pourtant. D'autres encore : jeunes femmes aux airs inspirés, jeunes filles créoles apportant l'appoint socialiste des colonies lointaines.

Les « tricotteuses » du Congrès sont douces, agréables, et n'ont rien de la fureur démagogique de leurs devancières.

Il y a aussi Mme Bonnevialle, une socialoféministe militante. Des roses sur la tête, de la dentelle sur le dos, elle est assise au bureau, auprès de M. Rozier qui préside.

Mais le bureau n'est pas au complet. Or, voici que le camarade Ebers monte à la tribune. Il fait bonnassement l'ironique déclaration suivante :

— Je vous propose de mettre le Congrès sous la présidence d'honneur de MM. Waldeck-Rousseau et Millerand !

Cette proposition suscite une réplique immédiate des partisans de M. Jaurès. Des noms sont murmurés. Un délégué se lève et, très véhément, il précise l'intention de ses voisins.

— Le beau-frère de Waldeck ! dit-il.

Et tout le côté de Jaurès de clamer :

— Edwards ! Edwards ! en montrant l'intimé au doigt.

M. Briand souffle alors cette jolie phrase au président :

— Le camarade Ebers ne veut pas, sans doute, créer ici des discussions de famille.

Ce coup de boutoir clôt l'incident. Le calme semble rétabli. Hélas ! bien courte éclaircie ! L'irritante question des mandats renaît. Elle amène un incident gros de conséquences.

M. Brunellière rend compte des résultats de la commission de vérification. Le citoyen Andrieux, n'admettant pas certaines paroles, attaque violemment l'orateur et le bureau. Voilà le scandale aux épithètes sonores.

Côté Jaurès :

— Alcoolique ! A la douche ! Policier ! Enlevez-le !

Côté Guesde :

— Faussaires ! Charlatans ! Voleurs !

Et Andrieux, qui ne se calme point, jette ce cri vers M. Gérault-Richard :

— Le Congrès n'est pas à la *Petite Répugnante*. Il est ici !

En vain un ouvrier, un guesdiste, ému, fait entendre ses lamentations.

— Nous sommes ici des représentants de la classe ouvrière manuelle... Nous avons le droit de parler tout comme les intellectuels que vous êtes.

Le parti des esthètes socialistes ministériels ne se tient pas pour battu. Les guesdistes redoublent leurs cris tapageurs. M. Briand paraît : Paul Lafargue l'interpelle.

— Citoyen Lafargue, vos grossièretés ne m'intéressent pas !

Andrieux repart en guerre.

— Ta g....., sale vieux !

Et les ministériels, partisans de l'égalité sociale, humaine et autre, hurlent :

— Laissez donc ; c'est une brute !

Paul Lafargue, debout, déclare aimablement, en désignant Briand :

— Etre injurié par ce monsieur-là !

— Je lui conseille de parler ainsi, répond

Briand, à ce millionnaire ! lui qui passe sa vie dans un château !

Cet échange d'autobiographies augmente le trouble. On va cogner, c'est sûr ! Et voilà que le citoyen Andrieux reçoit un coup de canne sur le pouce. Une goutte de sang perle au bout du doigt. Le « blessé » proteste naturellement. Un guesdiste fait passer une motion au bureau. M. Briand tend la main au compagnon ouvrier.

— Non, je n'ai pas confiance en vous, lui répond doucement l'impétrant.

M. Briand recule et dit en désignant le jeune homme :

— Quelle jolie société on ferait avec ce monde-là !

Un guesdiste a entendu.

— Mais, citoyen député, ce monde-là est votre électeur.

Le petit papier demandait l'exclusion de l'agresseur. On vote. Le résultat ne satisfait pas les guesdistes.

L'exode du P. O. F.

Sans un cri, sans une menace, dignes enfin !
les guesdistes sortent à la suite de leur chef.
L'apôtre s'en va. Zévaès le suit. Vaillant reste
et Groussier l'imite. C'est, on le conçoit, un
moment de désarroi dans le Congrès. Toutefois, les partisans du groupe Jaurès applau-
dissent ce départ. Profitant de ce tumulte, les
guesdistes enlèvent leurs rouges bannières.

Bientôt un seul drapeau flotte à la voûte.
On peut y lire cette étrange inscription :
*Chambre syndicale des égoutiers de Paris et de
l'Assainissement.*

— Le Congrès est purgé, dit-on.

Peut-être, mais la purge n'est pas complète !
Les communistes sont encore là. On propose
une suspension pour s'entendre avec ceux qui
restent. La salle se vide. Et, dans cette solitude relative, il ne reste plus que quelques
groupes discutant sur l'exode de Guesde.
Mme Edwards, demeurée seule, à la table de

son mari, lit un journal en expliquant à M. Fribourg l'« odieux attentat » dont M. Andrieux, etc...

A la reprise de la séance une sorte d'accord est conclu. On élit la commission d'initiative. La séance du matin allait être close lorsqu'un délégué, apercevant un médecin-major en tenue, crie :

— A la porte, l'officier !

Toute la salle est en rumeur. On s'explique, l'officier *de santé* n'est pas un militaire, c'est un militant socialiste. On l'encense alors, et tout le monde va déjeuner.

M. Millerand reçoit.

Le Congrès reprend à deux heures dans le jardin. Grosse affluence. Assemblée houleuse.

Elle est marquée au début par un débat sur les incidents de Chalon.

M. Chalot, un jeune ouvrier, délégué de la Fédération de Saône-et-Loire, vient expliquer

pourquoi cette Fédération n'est plus avec les
ministériels. Il refait l'historique de la grève
sanglante.

Il nous conte que la Fédération nomma des
délégués chargés de se rendre auprès de M. Millerand.

— J'étais un de ces délégués, déclare l'orateur, nous nous sommes rendus au ministère,
là, le citoyen...

On proteste.

— Pardon, reprend le citoyen Chalot, M. Millerand...

— Oui ! oui ! M. Millerand ! crie la salle !

Et l'ouvrier très posément, sans colère, lassé,
désabusé, désillusionné, retrace avec un accent
saisissant de vérité la réception que lui fit le
ministre du commerce.

— Vous n'êtes pas habitué aux grèves, dit le
ministre ; ça vous saoûle un peu.

— Mais, monsieur le ministre, ceux qui sont
emprisonnés ou renvoyés, les victimes enfin !
quel est leur avenir ?

Et le ministre de répondre :

— Le préfet en placera quelques-uns, et moi j'en prendrai à l'Exposition !

— Mais, insiste le délégué, l'avenir de notre syndicat ?

Alors, très doucement, persuasif, M. Millerand dit à l'ouvrier :

— Il ne faut pas avouer votre syndicat. Il faut cacher votre bureau.

Le citoyen avoue que lui et ses amis n'ont pu profiter du conseil, et que, pour tout résultat, la caisse de la Fédération a dépensé deux cents francs en démarches inutiles.

— Oh ! l'amour du portefeuille ! conclut l'orateur. Et l'on passe à un autre. Sur cette question de Chalon, il n'y a pas moins de trente-six orateurs inscrits.

M. Viviani, assumant la lourde tâche d'expliquer ou plutôt de défendre les votes des députés, put, à un moment, se croire perdu. Il venait de dire :

— Il n'y a pas de République quand il n'y a pas de socialiste.

— Mauvais avocat, lui crie-t-on !

Mais l'avocat se ressaisit. L'éloquence reprend ses droits. M. Viviani triomphe. Il sauve ses collègues. Une courte suspension a lieu.

On apprend à ce moment que Jules Guesde et ses amis, réunis à la salle Vantier, ont tenu un deuxième Congrès.

L'unité selon Jaurès.

Il ne s'agit plus maintenant au Congrès de la salle Wagram, des études sociologiques. Tout le débat, et quel débat ! tourne autour de la question de Chalon. MM. Maxence Roldes, Turot, Gelez, Vaillant et quantité d'autres apportent leur ordre du jour. Bref, c'est un ordre du jour flétrissant les « massacres de Chalon et leurs complices », de M. Vaillant et un autre de M. Turot, admettant la bonne foi des élus socialistes, qui demeurent en présence. On demande le vote par mandats. Un court dialogue a lieu entre M. Coutant et M. Viviani.

— Tu peux bien accepter la proposition Vaillant, dit Coutant à Viviani.

— Je te remercie bien, mon vieux, mais je ne veux pas me suicider !

Mais voilà qu'un courant part du côté Jaurès.

— Marions les ordres du jour !

Aussitôt dit, aussitôt fait !

Du tac-au-tac, M. Turot demande que l'union de cette carpe communiste et de ce lapin collectiviste soit proclamée par acclamations. Et, comme par miracle, tout le monde oublie ses déclarations d'il y a une heure, et les « massacres de Chalon », et le lâchage des élus et, surtout, l'obligation, la loi intangible du vote par mandats : l'union se trouve acclamée et proclamée. M. Jaurès n'a plus qu'à venir glaner les derniers lauriers en ajournant le Congrès à six mois.

— D'ici là, dit-il, un referendum socialiste aura fait l'unité complète !

E finita la comedia ! Mais, à cette pasquinade, il faut un mot de la fin. Le voici. Il est de M. Viviani.

— On s'est tout de même tiré d'affaire ! murmure le député de la Seine.

Paris, salle Wagram, 1-2 oct. 1900.

LA PENSÉE DE JULES GUESDE

A l'issue de la dernière séance du pseudo-Congrès national des organisations socialistes, un membre du Parti ouvrier français se rendait au restaurant Vantier. Guesde était là avec Delory, Constant et d'autres amis du Parti ouvrier français.

Mis au courant de la situation, le chef du P. O. F. eut un énigmatique sourire. La défection de Vaillant ne le surprenait qu'à demi ; il ajouta en parlant des ministériels ;

— Ils sont bien malades, et, si Vaillant était parti, ils seraient morts.

— Oh !

— Certainement. Un nommé Plais écrivait, d'Indre-et-Loire, au citoyen Briand, une lettre ainsi conçue :

Cher citoyen,

« Ci-joint une liste de groupes. Pour aller
« plus vite, faites faire les timbres en caout-
« chouc. Si vous pouviez obtenir dix jours de
« délai, nous en aurions beaucoup d'autres.
« Inutile de vous dire que tous ces mandats
« seront pour la participation du socialisme
« dans les ministères futurs. De son côté, le
« citoyen Violette, secrétaire de Millerand, tra-
« vaille l'arrondissement de Chinon, où il a
« été candidat ».

Le citoyen Violette a si bien travaillé Chinon et tout Indre-et-Loire qu'en moins de huit jours 20 groupes sortirent de sous terre. Dans le Gard, dans la Haute-Loire, ce fut la même chose. On écrivait à ces groupes ; sur 127 missives, 50 revinrent avec la mention « inconnu ».

— A combien estimez-vous le nombre des

mandats fictifs créés ainsi pour les besoins de
la cause ministérielle ?

— A un mille au moins.

— Alors, de quoi se composait cette singulière assemblée ?

— De tous les amis de Millerand et de la
légion de jeunes arrivistes qui papillonnent
autour du ministère, autour de M. Violette,
autour de M. Persil, pour décrocher les palmes
académiques, des petites sinécures ou des
bouts de réclame dans les journaux ministériels.
Des ouvriers, point ! Bien mieux, on donnait des
mandats à des amis sûrs, non socialistes, mais
simplement désireux d'assister à de curieux
débats. Mais toutes ces choses-là seront connues
en temps et lieu. Il n'est pas admissible que
Jaurès et sa bande exploitent plus longtemps
l'illusion socialiste qui les fait vivre. L'ouvrier,
le socialiste actif, a vu clair. Beaucoup de délégués, de retour dans leur province, diront à
leurs camarades quel fut le navrant spectacle
auquel ils assistèrent. Ils diront la honteuse
besogne qui se déroula sous leurs yeux ; alors,

le travailleur socialiste, qui tout de même désire l'unité, viendra vers Jules Guesde. Et cela avant peu. Oui, l'unité est faite, bien faite, et par Jules Guesde, contre Jaurès et contre le ministère.

— Bien ! dis-je, mais que deviendront les élus socialistes ?

— Ils seront rejetés aux confins du radicalisme. Pelletan leur tend les bras !

Paris, 3 oct. 1900.

LA TOURNÉE MILLERAND

LA TOURNÉE MILLERAND

**Au pays de Robespierre. — Le dictateur socialiste.
— Le coup d'Etat de Lens.**

Impossible de se méprendre sur le but du voyage quasi-imprévu du ministre socialiste dans le bassin houillier. Ce n'est pas en deux ou trois jours qu'on organise une tournée, autant que possible triomphale, comme celle qu'effectue M. Millerand. M. Basly, aidé des éléments socialistes d'Arras, avait, bien avant le Congrès socialiste, décidé cette réponse éclatante aux guesdistes en rupture d'union. A Arras, moitié radicale, moitié modérée, la municipalité a voté une quinzaine de mille francs pour recevoir le « camarade » officiel.

Aussi, dès le matin du grand jour, les églantines rouges ont-elles éclos aux boutonnières des socialistes arrageois, une minorité, certes !

mais remuante, turbulente, décidée ! Malgré
cette allure un peu révolutionnaire, les autorités, par égard pour la fonction de M. le ministre
du commerce, se sont rendues à la préfecture.

Le général de Germiny présente l'armée.

— Nous revenons des manœuvres, dit le général. Les troupes sont bien entraînées et prêtes à
toute éventualité.

— Le cabinet dont j'ai l'honneur de faire partie ne sépare pas la nation de l'armée, murmure le ministre du commerce.

Mgr Williez présente le clergé.

— Ce que le gouvernement républicain, dit
l'évêque, fait aux humbles et aux laborieux
s'adresse aux préférés de l'Evangile. La nation
et l'Eglise sont unies dans l'amour du peuple.

— Restez dans ce rôle et le gouvernement
sera avec vous, insinue M. Millerand.

Le conseil général n'est pas venu en nombre.
Sur 44 membres, 8 seulement se sont présentés.

Pour les membres du tribunal de commerce,
pour la magistrature, pour les juges de paix,
pour les services départementaux, M. Millerand

n'a que de banales paroles. Mais voici le corps enseignant. C'est de la pâte électorale. M. Millerand se redresse. Il toussotte. M. Lavy, toujours nerveux, se mouche moins fort.

M. Millerand fait un véritable discours sur l'éducation sociale. Il parle du Congrès de l'enseignement clos récemment.

— Le Congrès était présidé, dit-il fortement, par *mon éminent ami*, M. Léon Bourgeois.

D'autres autorités passent. M. le ministre serre des mains. Voici les postes et télégraphes, Bon speech.

— Le gouvernement, moi et M. Mougeot, ne négligeons rien pour l'amélioration du sort des agents et des sous-agents.

— Si seulement on nous gratifiait pour le travail supplémentaire, me disait un de ces sous-agents, une heure après.

A l'hospice d'Arras.

Les bons vieillards et les petites vieilles ont été très heureux de voir le ministre, spéciale-

ment venu pour décorer une religieuse augus-
tine : sœur Saint-Rémon.

M. Millerand n'avait pas de médaille. La
sœur supérieure a prêté la sienne au ministre,
pour le simulacre et l'accolade de rigueur. Afin
de ne pas compromettre le ministre du commerce, on s'est avisé de décorer sœur Saint-
Rémon au titre militaire. Ce titre lui vient de
ce que parfois elle s'occupe de l'hôpital des
troupes. Ce geste a valu à M. Millerand, un
instant après, aux sourds-muets, l'honneur d'un
cantate spécialement composé à son intention
par M. Dupont. Des voix fraîches d'enfants
et de jeunes filles ont chanté ces paroles :
« *Vivat ! vivat ! vivat Millerand, le ministre de
nos cœurs !* »

La première pierre.

C'est de celle de l'hôtel des postes qu'il s'agit.
M. le maire d'Arras a célébré le ministère de
défense républicaine. Cette ode à Waldeck a
déterminé les socialistes à pousser d'énergiques ;

« Vive la sociale ! » Quelques cris de « Vive
l'armée ! » ont retenti. Or, il s'agissait de poser
la première pierre. Seulement les médailles
commémoratives n'étaient pas prêtes. M. Millerand, qui avait déjà fait le simulacre de décorer une religieuse, a fait le simulacre de cimen-
ter la pierre.

Il prend des outils.

— Tiens ! dit quelqu'un dans le cortège officiel, tiens ! la truelle maçonnique !

Le secret de la popularité.

Dans les rues, on vend le portrait du « citoyen Millerand ». Les fervents ont des bou-
tons à l'effigie du citoyen Millerand. On crie :
« Vive Millerand ! » Les socialistes usent à ce
cri leurs poumons. Oh ! pas pour rien. Pour
produire cette réclame intensive, les conseillers
municipaux socialistes d'Arras — encore une
minorité — ont fait le possible et l'impossible.

— Oui, me dit le citoyen Caudron, conseiller
municipal, les ouvriers ont pris part à la fête.

Nous en avons invité cent au banquet. Chaque atelier de un à vingt ouvriers en a envoyé un ; de vingt à cinquante, deux ; de cinquante à cent et au-dessus, trois...

— Et le parti ouvrier ?

— Il n'en a envoyé que cinq.

— Il boude ?

Comme le citoyen Caudron allait répondre, un enthousiaste vient vers lui.

— S'ou plaît ? m'cheu Caudron ! Donnez-mi ? Donnez-mi ?... C'est pour mi boire... pour mi boire... pour « arroser » le ministre !

Et « m'cheu » Caudron, citoyen socialiste, s'exécute en donnant dix sous.

— Donc, le P. O. F. vous boude. Ne seriez-vous pas socialiste ?

— Si !

— Collectiviste ?

— Oui !

— L'égal, alors, de ce pauvre diable ?

— Ah ! non ! déclare fièrement le citoyen Caudron... Allons ! venez au banquet ?

Vivent les « boyaux rouges » !

Le succès de ce banquet renforcé de cent ouvriers invités *gratis pro populo*, n'était pas douteux. Au champagne, M. Alapetite, le préfet d'Arras en partance pour Lyon, avait à peine porté la santé de M. Loubet que les socialistes, impatients, crient : « Vive Millerand » !

Le ministre du commerce fait, dans un nouveau discours, le bilan du ministère de défense républicaine. Il compare volontiers les membres du cabinet aux « esprits nobles et généreux de la Révolution ».

Arras est la patrie de Robespierre. Les Arrageois socialistes s'en souviennent à ce moment. Ils crient :

— Vivent les « boyaux rouges ! »

C'est le cri de ralliement des Arrageois. C'est sur ce cri que le banquet est terminé. Un petit tour à l'hôtel de ville d'Arras, ce chef-d'œuvre, et l'on part pour Lens.

Sur le quai de la gare, un marchand de portraits chauffe sa marchandise.

— Demandez, dit-il, demandez le portrait du camarade, du citoyen Millerand, l'ami des ouvriers, le frère des travailleurs ! Dix centimes ! deux sous !

— Ça va-t-il ?

— Non ! Boulanger se vendait mieux que ça !

A Lens.

Passons rapidement sur la visite au nouvel hospice. Cette inauguration servait de prétexte au déplacement ministériel. On n'a rien inauguré du tout. Le clou de la journée, le premier clou, ç'a été le défilé des sociétés et corporations devant le ministre du commerce. Il y avait quatre-vingt-une sociétés. Près de 10.000 hommes, gymnastes, orphéonistes, jeunes socialistes, etc., etc.

Toutes ces troupes en passant — quelques-unes avec le béret rouge sur la tête et la pipe à la main — poussaient d'énergiques : « Vive Millerand ! » Et que d'autres cris aussi ! En voici la liste : — « Vive l'Internationale ! » —

« Vive la République sociale ! » — « Vive la journée de huit heures ! » — « A bas les longues coupes ! » (ou travail supplémentaire).

— « Vive le syndicat ! » — « A bas la calotte ! »

Et les fanfares de mineurs passent en jouant.

M. Millerand salue, impassible.

A un certain moment, au pied de la tribune ministérielle, un groupe se forme. Il chante en chœur ce charmant distique :

> *Vive la So-cia-le !*
> *L'patron dans le canal !*

Des orphéons couvrent de leurs cuivres la voix de ces jeunes aèdes de la révolution.

M. Millerand, pour se donner une contenance, reprend le mot de Mac-Mahon :

— Que de musiques ! dit-il.

M. Basly, fier de son œuvre, tape dans le dos de M. Lavy.

— Hein ! Est-ce réussi ? dit le député de Lens à l'extraordinaire chef de cabinet que M. Millerand a attaché à sa fortune politique.

Il était tout naturel que cette première jour-

née de la tournée Millerand fût close dans le
décor d'une scène théâtrale.

Il est huit heures et demie. La salle est
comble. Un public très joyeux s'y est entassé
un peu tôt. Pour charmer les loisirs de l'attente,
il chante l'*Internationale*, la *Carmagnole*, etc.

Cette cérémonie n'a rien de solennel. On se
croirait à Bobino avant le lever de la toile.
Chahut à l'orchestre. Bref silence ! Une main
énergique actionne de l'autre côté du rideau le
bâton du régisseur. Les trois coups sont frappés ! Quel drame se joue là ? Quelle comédie ?
Quelle tragédie ? Une affiche occupe un angle
de la salle. On y peut lire : « *Les surprises du
divorce.* » Tiens ! Tiens ! s'agirait-il de l'union
socialiste ? Non et oui. Le rideau levé, nous
voyons Son Excellence M. Millerand assis, ayant
à ses côtés M. Basly, M. Lavy, etc., etc.

Petit discours de M. Alapetite, long discours
de M. Basly, et, enfin, grand discours de M. Millerand. Le ministre du commerce fait un tableau
édénique de la société future.

Seulement, ce bonheur est loin, très loin !

Ce qui n'empêche pas les assistants d'applaudir avec frénésie... de confiance.

La ville de Lens, illuminée, regorge de monde. Partout des musiques. Une nuit pure. Un temps doux. Les estaminets sont bondés de consommateurs. On mange en plein vent, friture et charcuterie. On danse à tous les coins de rues. Quand l'on ne danse pas, l'on chante. Un organiste accompagne ce refrain, vendu deux sous :

> Salut à vous, ministre du commerce,
> Vous qui voulez semer l'égalité.
>
> . . . .
>
> Lens et Bruay, saluez la bienvenue
> De Millerand, père des ouvriers.
> Jetons-lui des fleurs partout, et, dans la rue,
> A pleines mains, jetons-lui des lauriers.

On vend comme du pain ces « lauriers » à deux sous la page. Ce sont les lauriers de César.

M. Basly, au théâtre, s'adressant à *son* peuple, n'a-t-il pas dit, devant le préfet, le général, le procureur de la République, etc., etc. :

— Allons, citoyens, un ban en l'honneur du

ministre socialiste que nous *possédons dans nos rangs aujourd'hui !*

M. Millerand, comme le dictateur classique, est possédé par ses légions plus qu'il ne les possède. Il a aussi ses courtisans. Oyez plutôt ! C'est sur la grande place. La foule s'entasse au pied de l'estrade ministérielle. Le défilé va commencer. M. Millerand regarde tout ce peuple d'un lorgnon distrait. Alors, un conseiller municipal monte quelques marches. Il se tourne vers le ministre et lui jette, en s'inclinant, cette phrase flatteuse autant que ridicule :

— Il n'y avait pas tant de monde à Carnot !

DEUXIÈME JOURNÉE

Les dessous d'un voyage.

Qu'on le veuille ou non, le voyage du ministre du commerce restera, pour une grande partie des populations du Nord, comme une grande manifestation triomphale du socialisme,

comme une grande défaite du prétendu capita-
lisme bourgeois.

Il s'ensuit donc, en dépit des affirmations
répétées de M. Millerand, qu'un antagonisme
demeure aigu, sournois. L'état de solidarité,
que le ministre déclare existant entre patrons
et ouvriers, n'est qu'une illusion décevante. En
voici la preuve :

Il y avait un conflit à propos de la visite
aux mines de Bruay. Ce conflit avait pour
cause, moins une question de préséance, qu'une
hostilité sourde que l'élément socialiste de
Bruay entretient contre la société concession-
naire. Comme un certain nombre de présentations, de remises de médailles devaient se faire
à Bruay, une partie de la municipalité crût
devoir proposer, appuyée par M. le sénateur
Leroy, la salle du cercle des ingénieurs, plus
spacieuse que la mairie. Cela fut accepté, en
principe. Mais Cadot veillait. Le citoyen Cadot,
candidat malheureux aux élections municipales,
est vice-président du syndicat des mineurs. Il
déclara tout net à M. Basly, député et président

du syndicat, que les présentations se feraient à la mairie, et non au cercle des ingénieurs.

Le vrai Basly.

Cette situation tendue, dès l'arrivée du ministre à Arras, s'aggravait à Lens. Là, sur le quai de la gare, M. Basly prit à part le sous-préfet de Béthune, M. Lapeine, et lui dit :

— Où la remise des décorations se fera-t-elle ? à Bruay, monsieur le sous-préfet ?

M. Lapeine, très digne, sous son uniforme, répondit au député socialiste :

— Mais, monsieur le député, au cercle, je crois... M. Leroy m'a déclaré que...

— Je m'en f... de M. Leroy ! dit avec véhémence M. Basly, coupant la parole au fonctionnaire. Nous irons à la mairie...

— Mais... la place ?

— La place ?.. tant pis... Voilà trente ans que la Compagnie est au pouvoir ! Au lieu de bâtir de beaux cercles, elle aurait mieux fait de construire une mairie ! Comment ! elle touche

trente pour cent de dividende et elle ne peut, ni
ne veut rien faire ! Est-ce que nous avons des
dividendes, nous ! Voyez ce que nous avons fait
ici, pour la réception, avec nos ressources !

Il oubliait, M. Basly, qu'il avait l'argent de la
municipalité de la commune.

Alors, M. le sous-préfet ne sait que répondre.

— Moi je ne sais pas.... ça dépend de ce que
fera le ministre.

— Le ministre, reprit de plus belle M. Basly,
il fera ce que nous voudrons. Ici, il nous appartient.

— Mais.... insinua le sous-préfet, s'il y va ?

— S'il veut y aller il ira tout seul, conclut
rageusement M. Basly.... D'ailleurs Cadot sera
prévenu.

Cette attitude du maire de Lens, jette un jour
tout nouveau très imprévu sur ce voyage sensa-
tionnel. Tout le reste disparaît ! Discours humanitaires, hommages aux religieuses, décorations
aux travailleurs, bonnes paroles à l'armée, au
clergé, aux fonctionnaires.... tout cela c'est la
monnaie courante des déplacements ministé-

riels : la parade illusoire organisée pour la galerie.

Solidarité, entente, accord ; des mots ! C'est au dividende qu'on en veut ! Le soir, au théâtre, je remarquais bien que le citoyen Cadot qui n'avait point voulu venir dans la journée battait plutôt froid à sa voisine de scène. L'affaire n'était pas arrangée. Et voilà qu'à Bruay, sur le seuil de la salle du banquet, au siège de la société des mines, Cadot s'avance hardiment vers Basly. Il hésite à entrer, lui, mineur, dans la salle et il pose cette question au député :

— Où a lieu la réception ?

— Mais, répond Basly, très rude, comme tu l'as arrêté.

Et ce pauvre Cadot qui n'avait rien arrêté du tout a suivi le mouvement.

Puis, voilà qu'au banquet M. Marmottan, notre ancien député de Paris, dit au citoyen Millerand « qu'il honore la France ». Le citoyen Millerand répond que, grâce au docteur Marmottan, le haut patronat appuie les réformes que lui, ministre, il a élaborées. Il en est résulté que la réception eut lieu moitié à la mairie, moitié au cercle. M. Millerand s'est montré dans les deux salles, avec Basly derrière, Cadot aussi. A la mairie, comme au cercle, on a repris en chœur l'*Internationale* à la barbe des actionnaires stupéfaits.

Mais le plus stupéfait, certainement, ç'a été M. Masure, le président du tribunal de Béthune. Il était assis, au banquet, à la gauche de M. Millerand. Or, en 1893, ce même Millerand, avocat, député, socialiste militant, vint à Béthune, en compagnie de Viviani, de Turot et de Baudin, actuellement ministre des travaux publics. Il s'agissait de défendre la grève en la personne des mineurs. A la suite d'un incident d'audience, M. Millerand, qui plaidait, s'arrêta net et dit à ses collègues :

— Suivez-moi, vous autres, avocats ; nous ne plaiderons plus devant ce tribunal !

M. Masure doit savoir ce que valent, dans la bouche de M. Millerand, les mots de concorde et de paix sociale.

Dans la mine.

Si toutefois, le ministre du commerce voulait avoir un exemple de paix sociale, il n'avait qu'à interroger un de ses voisins de la mine.

Nous étions à 260 mètres sous terre. Le ministre, comme nous tous, avait revêtu le costume traditionnel du mineur. On l'invite à donner un coup de pic. Mais quoi ! des mineurs en binocles, ça ne se voit guère. Et le travail de la mine s'accommode mal de ces précautions d'optique. M. Millerand cogne, il rate, et, le bras déjà las, avoue :

— Je ne gagnerais pas ma journée !

Alors, j'ai demandé à ses voisins, à ceux qui « gagnent leurs journées », s'ils enviaient le sort du ministre.

La question aurait pu paraître un peu paradoxale aux mineurs. L'un d'eux me dit, avec un sourire :

— Nous sommes contents... comme ça !

Cette réponse me surprit. Tout en allumant

ma lampe à la lampe de mon interlocuteur, je lui dis :

— Mais alors, hier, à Lens, ceux qui criaient : « A bas les longues coupes !... » Pourquoi !

— Des fous ! Les longues coupes ? Le travail supplémentaire ? Mais c'est notre intérêt.. Nous ne demandons que cela, puisque nous sommes aux pièces, pour ainsi dire !

— Et la tyrannie syndicale ?

— Elle n'existe pas ! Le syndicat autorise les longues coupes, et tout le monde est content !

Ma foi ! vous le dirai-je ? Je me doutais bien que tout le monde était content dans le bassin houillier. Tout le monde ? Non ! Il y a ceux qui crient : *A bas les patrons !* en escortant la voiture du citoyen-ministre. Ceux-là ? Mais ce sont des êtres d'une nature bien spéciale. On les rencontre toujours en pays de grève, au Creusot, à Saint-Etienne. Ils crient : « A bas les patrons ! » parce qu'ils s'imaginent que la chute du patronat c'est l'abolition du travail.

Mais, auprès de cette foule bruyante d'ouvriers amateurs, il y a les autres, en belle majorité. Ceux-là se sont tus. Ils n'ont donné au citoyen-ministre rien autre chose que l'hommage de leur indifférente curiosité.

Arras-Lens, 7-8 oct. 1900.

LES SOCIALISTES DANS LE NORD

LES SOCIALISTES DANS LE NORD

**Jaurès et ses disciples. — Les fédérations sponta-
nées. — L'avis du citoyen Delcluze.**

Le lendemain du Congrès de la salle Wagram,
à peine la sortie de Guesde était-elle connue,
commentée, blâmée, applaudie, qu'une note
partait de Douai pour Paris. Elle annonçait
la création d'une fédération autonome entre les
départements du Nord et du Pas-de-Calais. Elle
annonçait encore que le siège de cette fédération était établi à Douai, et, en outre, que le
conseil fédéral (?), dans sa réunion de lundi —
le Congrès de la salle Wagram avait été clos
le dimanche soir — avait décidé l'organisation
de plusieurs tournées de propagande dans toute
la région. Ce fut, d'ailleurs, très miraculeux.
Le lendemain mardi, deux jours après le Congrès, Jaurès et ses disciples se voyaient attribuer
un poste de prédication pour les deux journées
des 20 et 21 octobre.

Cet ordre de service de la jeune fédération
était signé par le secrétaire général M. Maurice
Monier.

Il indiquait pour chacun des leaders socialistes les deux villes où leur parole était soi-disant
attendue.

Jaurès était désigné pour prêcher à Dunkerque et à Calais.

Gérault-Richard, à Aniche et à Denain.

Fournière, à Hénin-Liétard et à Lens.

Aristide Briand, à Somain et à Dorignies.

Turot, au Cateau et à Caudry.

Le matin même où paraissait cette note dans
la *Petite République*, Jaurès qui écrivait déjà
l'oraison funèbre des guesdistes du Nord, disait :

« Une fédération autonome du Nord et du
« Pas-de-Calais se constitue ; et, dans la région
« même où le Parti ouvrier a ses forteresses,
« celte fédération ne tardera pas à attirer à elle
« tous les groupes qui veulent vivre de la pleine
« vie socialiste. »

De fait, le cercle des conférences tourne
autour de Lille et de Roubaix, véritables placés

fortes du Parti ouvrier. Toutefois, notons qu'à Lille le citoyen Delesalle semble obliquer vers le socialisme ministériel. Mais cela ne saurait être suffisant pour dire que tout le Nord et tout le Pas-de-Calais marchent à la suite.

On s'étonnera sans doute que Jaurès et ses lieutenants consacrent leurs instants à crier : « Vive la sociale ! » aux oreilles de gens qui se réclamaient du socialisme à l'époque où M. Jaurès était assis au centre gauche. Mais voilà ! Ils ne vont pas en guerre pour le socialisme. L'ordre du jour de ces dix conférences ne comporte qu'un seul article : l'*Unité socialiste*.

La situation matérielle et morale de ces deux départements, composés d'agglomérations ouvrières très denses, peut se ressentir de cette suralimentation politique. Que vont devenir les groupements existants ? Comment les guesdistes vont-ils accueillir Jaurès et ses amis ? Toutes questions intéressantes au lendemain du *raid* de Millerand dans le bassin houiller.

A Dunkerque, Jaurès aura une belle salle.

On verra plus loin que, pendant la grève des

ouvriers du port de cette ville, l'éclosion du syndicat dont le père fut Gérard-le-Lutteur et le parrain Salambier, ancien maire de Calais.

Les ouvriers du port de Dunkerque encore à la lune de miel de leur syndicat acclameront Jaurès et l'unité socialiste ; Jaurès : parce qu'il parle bien ; l'unité socialiste : parce qu'ils ignorent le socialisme et qu'ils aiment l'union : les mots trompent.

Voici donc pour Dunkerque ; à Calais, nous retrouvons le citoyen Salambier. Mais il y a aussi Delcluze, ancien maire socialiste de cette ville et membre influent, militant, du Parti ouvrier.

Au cabaret du citoyen Delcluze.

Comme la grande majorité des membres influents du parti socialiste du Nord et du Pas-de-Calais, le citoyen Delcluze est patron d'un estaminet. Le sien est à Calais, boulevard Jacquart. A l'heure où je m'y présente — cinq heu-

res — c'est une solitude complète. Le citoyen
Delcluze est attablé devant une dizaine de journaux plus socialistes les uns que les autres :
*Petite République, Lanterne, Petit Sou, Socia-
liste, Réveil du Nord*, etc.

Très accueillant, il m'invite à boire une chope.
Ma qualité d'écrivain « bourgeois » l'inquiète
bien un peu. Mais ça passe vite. Le citoyen
Delcluze n'est pas inintelligent. Front élevé, cheveux en arrière — le coup de vent de 48 — yeux
vifs, voix profonde. Peu raisonneur, raisonna-
ble et très raisonnant. C'est le « *sublime* » de
Denys Poulot, revu et corrigé par Benoît
Malon.

— Ah ! oui, me dit-il, il y en a bien de trop
de tous ces journaux !

— Quoi ! n'aimeriez-vous point la politique ?

— La politique pure ?... Une bonne blague !
Il n'y a qu'une chose qui compte, voyez-vous,
monsieur..., c'est l'économie... l'économie sociale... Tout le reste... attrape-nigauds, attrape-
badauds !

— Cependant, la politique... pure, comme

vous l'appelez, règne ici en maîtresse... et bientôt, avec la venue de Jaurès...

— Qu'importe ! Ça ne compte pas ! Ils peuvent venir... Ils sont de bons apôtres !... Ils tentent de récolter ici la moisson que nous avons semée depuis tantôt vingt ans. Le parti, ici, n'avait que 39 voix en 1882 ; 149 voix en 1884... il y a 6.000 voix socialistes maintenant rien que dans la ville de Calais.., Jaurès peut venir ! nous n'avons pas besoin de leçons !

— Il va pourtant vous en donner une... ou, du moins, essayer.

— Non ! Il colporte une doctrine nouvelle... Il *radicalise* le parti.

— Au profit de Millerand ?

— Je suis un peu gêné pour répondre... Millerand est venu déjeuner ici... en ami.

Et, ce disant, le citoyen Delcluze, d'un geste simple, me montre la modeste salle de l'estaminet.

— Et, lui dis-je, si vous l'invitiez maintenant, accepterait-il?

— Je ne le crois pas ! Je n'ai pas cette illusion... le Millerand d'aujourd'hui n'est plus le Millerand de jadis.

— Tout de même il rallie quelques-uns des vôtres ! Voyez, à Lille, Delesalle.

— Delesalle !... Delesalle !... scande le citoyen Delcluze, c'est pour lui une question de relations personnelles... Il a fait son volontariat avec Millerand !

— Mais... les autres !... la Fédération autonome du Nord et du Pas de-Calais, que le citoyen Maurice Monier...

— Monier ! interrompt vivement le citoyen Delcluze... sait-il seulement ce que c'est que le socialisme ?... Non, croyez-moi, ici, nous sommes, nous guesdistes, fortement organisés. Ceux qui se disent ministériels sont des indépendants qui espèrent des faveurs. Ils vont vers Millerand, distributeur de médailles et donneur d'emplois.

Alors, comme je compris que le citoyen Delcluze, quoique socialiste et bien que cabaretier, avait un peu de lettres, je lui dis :

— Vous êtes de l'avis d'O'Connell.

— ?

— Les whigs ? disait O'Connell, des tories
sans places !

A Hénin-Liétard. — Socialisme dansant. — L'Arcadie rouge.

Le parti guesdiste compte seulement quatre
groupes à Hénin-Liétard, ville manufacturière
de douze mille habitants. Cette force socialiste
s'abstiendra de prendre part à la campagne
jauressiste.

Le 20 octobre, le citoyen Fournière, député
de Guise, viendra faire sa conférence d'unification.

— Vous voulez savoir l'accueil qui lui est
réservé, me dit un guesdiste. Allez donc voir
les autres socialistes réunis en ce moment dans
leur cabaret habituel.

Ce n'était pas loin de la gare. Une enseigne
— très enseignante — tirait l'œil. On y lisait :
Au rendez-vous des socialistes.

C'était bien là le rendez-vous, mais les socialistes n'y étaient plus. Un jeune homme travaillait à des écritures.

— Vous ne pourriez pas m'indiquer, lui
dis-je, où sont allés les socialistes ?

— Lesquels ? Si c'est pour un renseignement,
je suis là.

— Vous êtes déjà socialiste ? demandai-je à
l'adolescent.

— Mais oui ! j'appartiens à la « Jeunesse
socialiste d'Hénin-Liétard » !

— Ah ! mais, m'écriai-je, en effet, c'est vous,
c'est votre groupe, qui avez défilé à Lens, en
béret rouge.

— Vous y étiez donc !

— Et vous fumiez la pipe, en criant devant
Millerand : « Vive la Sociale ! »

— Nous avons aussi chanté l'*Internationale !*
ajouta mon interlocuteur avec fierté, et désireux de me rafraîchir la mémoire.

— Oui, c'est vrai l'*Internationale !*... Mais...
la Sociale, savez-vous bien ce que c'est ?

— Bien sûr ! c'est la mine aux mineurs...
la verrerie aux verriers... la terre aux paysans...

— Et le capital aux capitalistes.

4

— Les capitalistes ? Il faudra qu'ils travaillent.

— Croyez-vous donc que ce sont des paresseux, les patrons, les directeurs d'usines, les chefs d'industries !

— C'est nous qui les faisons vivre !

La conversation allait bifurquer vers un discussion âpre. Je la coupai net.

— Est-on, demandai-je au « jeune socialiste », pour Guesde ou pour Jaurès, ici ?

— A Hénin-Liétard, il y a beaucoup de sociétés socialistes. Les unes sont musicales, les autres sont de secours mutuels. En général, toutes vont à toutes les réunions. C'est un prétexte à sortie. Comme ça, on voit que nous existons.

— Alors, quand il y a réunion comme celle de Fournière prochainement, vous prenez part aux délibérations ?

— Non ! les sociétés sont convoquées dès le matin pour se rendre en corps à la gare au-devant des orateurs.

Drapeau en tête ?... dans sa gaine.

— Nous n'en avons pas encore, mais ça va venir. Voici une note pour les journaux socialistes.

Et mon interlocuteur me tendit l'annonce suivante :

Pour un drapeau. — Le groupe *La Jeunesse socialiste d'Hénin-Liétard* organise pour le dimanche 11 novembre, dans le salon de Mme veuve Lomprez, un brillant bal pour l'acquisition d'un drapeau.

Vu l'œuvre et le but de cette société, nous avons le ferme espoir que les cartes se vendront facilement.

Prix d'entrée : 50 centimes.

— Oh ! m'écriai-je, vous réussirez !... pour un drapeau, une œuvre, un but patriotique!

— Mais, monsieur, c'est un drapeau rouge que nous voulons !

— Diable ! Mais quand la jeunesse socialiste sera de la « classe qui part », elle trouvera un changement au drapeau, à l'armée.

Cette opinion, plutôt militariste, fit s'arrondir les yeux de mon interlocuteur.

— Oh ! d'ici là ! murmura-t-il.

J'en savais assez. La ville d'Hénin-Liétard,

pléthorique, avec ses viandes saignantes appen-
dues par grands quartiers aux portes des bou-
cheries, était bien la ville gargantuesque qu'on
m'avait décrite.

Chaque dimanche, c'est un plaisir nouveau.
Conférence, réunion de société, enterrement
civil, mariage civique, tout est cause de fête.
C'est un pays de « ducasse » perpétuelle.

Le citoyen Fournière y sera reçu le verre en
main. On applaudira beaucoup ses tirades révolutionnaires. S'il parle contre le ministère, on
l'applaudira. S'il parle pour Waldeck-Rousseau,
on l'applaudira encore. S'il parle en faveur de
Jaurès, on l'applaudira toujours, et s'il parle
pour Guesde, ce sera la même chose. Quoi qu'il
dise, il sera toujours applaudi. Il n'y a pas souvent théâtre à Hénin-Liétard. Aussi les débuts
d'un député y sont assurés du succès.

Les socialistes feront chorus avec lui pour
dauber sur le capital.

C'est leur plaisir du dimanche.

Le samedi, ils vont à la Caisse d'épargne ou
à l'estaminet.

A Caudry. Les tullistes. — Pittoresque définition du socialisme.

C'est de Caudry, où se tint un Congrès, que fut lancée par le P. O. F. la première excommunication aux socialistes ministériels.

On comprend, d'ailleurs, qu'au milieu d'une nature aussi maussade, des hommes, retenus là par le labeur industriel, trouvent mauvais que leurs frères en théorie se gobergent en de bons emplois. La ville de Caudry est triste. D'interminables rues, des chaussées crevées de canivaux, de l'eau croupie dans les ornières, des cloaques où, pieds nus, des enfants barbotent. Peu de maisons de deux étages. Sur la majorité des façades, des enseignes de tullistes. C'est l'industrie du pays. C'est pourquoi, auprès du décor crotté de la rue, on a le contraste des intérieurs qui apparaissent proprets derrière le voile de dentelles dont les fenêtres sont ornées. Mais on sent que, dans cette ville, l'hygiène, la salubrité, la voirie sont autant de questions sacri-

4.

fiées à la politique militante. Les socialistes,
ouvriers tullistes pour la plupart, sont canton-
nés en dix groupes rattachés au P. O. F.

Le citoyen Deladœuille ne demandait pas
mieux que de me renseigner sur l'état du parti à
Caudry. Toutefois, respectueux de la *hiérarchie
collectiviste*, il n'en voulut rien faire tout
d'abord.

— Le maire pourrait bien tout vous dire,
ajouta-t-il... mais il n'est pas là !... oh ! son
adjoint est aussi fort !... c'est le citoyen Sandras.

— Et... pour le trouver ?

— Suivez la Grande Rue, tournez à gauche... vous verrez... son nom est écrit sur la
porte... il tient là un débit !

Je m'en doutais un peu. J'allai donc vers le
débit. Il était fièrement dénommé : *Estaminet
de l'Egalité.* Mme Sandras me reçut :

— Je ne sais pas, me dit-elle, quand mon
mari rentrera. Il est sorti, il y a une heure, en
tournée de propagande.

Je quittai l'estaminet où un unique consom-

mateur dégustait une chope en écoutant le
« chœur des fiançailles », de *Lohengrin,* seriné
par un harmonica allemand. Tous les débits du
Nord et du Pas-de-Calais ont de ces réservoirs
musicaux à deux sous l'air.

Force me fut de revenir vers le citoyen Deladœuille.

— Et vous croyez, me dit-il, que le citoyen
Turot va venir ?

— Il est annoncé !

— Tant pis et tant mieux ! Car ça ne changera en rien les affaires. C'est ici un peu comme
à Calais. Il y a du pour et du contre. Est-ce que,
dans la ville de Calais, Salembier ne devrait
pas être toujours maire et Delcluze député ?
Mais, voilà !... il doit y avoir des affaires entre
eux !... C'est malheureux !... A force d'être
pour Jaurès ou pour Guesde, les socialistes se
résigneront à n'être pour rien du tout. Le citoyen
Turot va venir, bon ! On l'écoutera... Nous gar-
derons nos idées... Quant aux siennes !

— Alors, l'avenir vous apparaît noir ?

— C'est peut-être vingt années d'efforts perdues pour la cause socialiste. Elle est livrée maintenant aux ambitions des petits avocats.

— Même à Caudry ?

— Oh ! non ! ici il y a encore un noyau.

— Vous êtes combien au P. O. F. ?

— Une centaine !

— Pour dix groupes ?

— Oui !

— Sur combien d'électeurs ?

— Sur 2.600 !

— Une petite minorité, quoi !

— C'est que je vais vous dire, ajoute le citoyen Deladœuille, ce n'est pas que l'envie leur en manque à beaucoup d'être socialistes. Mais ils ne savent pas la manière.

— La manière d'être socialiste ?

— Oui ! oh ! ça n'est pas difficile ! Et il faudrait leur dire...

Et le citoyen Deladœuille, tout comme s'il avait devant lui un néophyte, me fit cette étonnante démonstration.

— Oh ! non, ça n'est pas difficile ! Se réunir de temps en temps et payer cinq sous par mois !

Dans le Cambrésis, les socialistes ont singulièrement simplifié la doctrine de Karl Marx.

Chez les verriers d'Aniche. — Grévistes laboureurs. — Trucs socialistes.

Avant de partir pour Aniche, où la principale industrie du pays, la verrerie, occupe deux mille ouvriers, j'avais lu les journaux socialistes. Ils donnaient sur les verriers, actuellement en grève, de lamentables détails.

Depuis quatre mois, disait la *Petite République,* ces grévistes luttaient courageusement pour la défense de leurs droits. M. Gérault-Richard, le jour même où Millerand officiait à Lens, était venu à Aniche.

Monté sur l'échafaudage d'une maison en construction, il avait harangué une foule de plusieurs milliers de citoyens. On avait chanté l'*Internationale* en agitant des drapeaux rouges. Le *Réveil du Nord,* plus copieux, donnait, de la grève, un tableau sinistre : « *C'est la misère, disait-il, et la faim, et, derrière la faim, la révolte, et, pour les patrons, le châtiment!* »

Je croyais donc, en descendant à la gare
d'Aniche, tomber dans un pays en révolution,
au milieu d'une population affamée et prête aux
pires éclats. Quelle ne fut pas ma surprise ! Sur
la grande place d'Aniche, lumineuse sous le
ciel pur, une foule nombreuse se pressait.
C'était jour de marché. Les ménagères, en cara-
cos roses ou bleus, s'approvisionnaient de
belles victuailles. Vers le haut de la place, une
voiture de « banque » était arrêtée. Un orchestre,
assis sur le toit de ce véhicule, jouait des airs
de danse. Une femme douée d'un bel organe fit
signe à l'orchestre qui se tut. La femme était
une dentiste. Voici son boniment :

— Oui ! dit-elle, je sais que l'ouvrier est en
grève ! Aussi, aujourd'hui, je ne vendrai pas
mon remède un franc !... Ce sera cinquante
centimes.

En moins de rien, elle en vendit une bonne
douzaine. Alors, j'avisai un des acquéreurs.

— Etes-vous gréviste ?

— Oui, monsieur.

— Savez-vous où j'aurais chance de rencontrer M. Gallais, le président du syndicat des verriers ?

J'avais lu ce nom sur une belle affiche imprimée en plusieurs couleurs et sur riche papier. C'était l'annonce d'une conférence.

— Tenez, monsieur, me dit l'inconnu, en me désignant son voisin, voici un camarade du syndicat. Il va vous conduire.

Le citoyen Gallais, conseiller municipal d'Auberchicourt, commune soudée à Aniche, était à l'enterrement. Nous allâmes jusqu'à sa maison. C'est un tout petit immeuble sans étage, propre et bien tenu. La ménagère était seule.

— Il va rentrer d'un moment à l'autre. Si vous voulez l'attendre ici ou au cabaret...

Mon conducteur préférait le cabaret. Alors Mme Gallais de dire :

— Allez deux maisons plus loin... C'est le cabaret d'un syndiqué.

Confidences d'un gréviste.

Installés dans le débit, nous commandâmes les inévitables chopes.

— Une grande pour moi, dit mon compagnon... c'est pour un gréviste.

— Alors, comme ça, dis-je à ce gros garçon, vous êtes gréviste?

— Mais oui, depuis quatre mois. Oh! je n'ai pas à me plaindre... Je suis au secrétariat du syndicat. Je porte les communications.

— C'est égal! ça doit vous faire une différence? Combien gagniez-vous à la verrerie?

— Cent quatre-vingts francs, deux cents francs par mois, c'est selon!

— Et maintenant?

— Un peu moins! Pourtant, j'ai trouvé un bon truc... J'avais un exemplaire de l'*Internationale*... Avec, j'en ai fait imprimer, ici, à Aniche, cinq cents exemplaires... Je les vends deux sous... Ça fait que je gagne quarante-cinq francs sur les cinq cents!

— Eh! eh! m'écriai-je, le pourcentage de certaines compagnies capitalistes n'est rien auprès du vôtre.

— Oh! mais, j'espère mieux! c'est bientôt la

« ducasse » à Denain... j'en vendrai beaucoup d'autres !.

— Et que faites-vous entre temps ?

— Je quête pour la grève... Nous sommes allés à Lens quand Millerand y était... Mais nous n'avons rien pu faire... Il y avait trop de monde dans les rues.

Je ne crus pas nécessaire de parler politique avec ce gréviste, qui me paraissait avoir, avant tout, une réelle vocation de camelot.

D'ailleurs, on vint nous prévenir que le citoyen Gallais était de retour.

Une réponse aux politiciens.

Je ne voulais pas entrer plus avant dans la maison ; mais M. et Mme Gallais, avec une insistance charmante, tenaient à me faire les honneurs de leur modeste salon de campagne. C'était une pièce bien sablée, et meublée de sièges confortables. L'art n'était pas exclu de ce logis ouvrier. Une mandoline était accrochée à un pupitre sur lequel un morceau de concert offrait ses gammes à la lecture.

5

En me voyant entrer, le citoyen Gallais
m'avait tendu la main, en me disant :

— Bien bonne santé ! sans vous connaître !

Et, quand je m'étais fait connaître, il n'avait
rien perdu de son doux sourire.

Je ne lui cachai pas ma profonde surprise
de trouver à Aniche tant de calme et une vie si
paisible.

— Oh ! me dit-il, on a exagéré. La vérité,
c'est qu'il n'y a pas de misère ici !... Tout le
monde a de l'ouvrage aux champs... Chacun
gagne trois et quatre francs par jour.

— Mais voilà qui est loin des salaires de
huit et neuf cents francs par mois des souf-
fleurs.

— C'est vrai ! mais ça reviendra !... Nous ne
luttons pas pour les salaires !... Nous discutons,
par la grève, pour un règlement.

— Et ce règlement ?

— C'est surtout l'article 5 : Le patron peut
nous renvoyer si, en cas d'absence pour maladie,
la maladie n'est pas reconnue.

— Et vous êtes tous syndiqués ?

— Oui, au nombre de mille deux cents.

— Mais les autres ?... Vous êtes deux mille ici.

— Ah ! oui, les « glaciers », ils sont huit cents... Non, eux, ne sont pas syndiqués avec nous.

— Donc, la grève n'est pas générale, comme on dit.

— C'est une erreur !... D'ailleurs, nous ne sommes pas pour la grève générale... Puis, la politique n'a rien à voir dans notre cas...

— Pourtant les politiciens ne s'occupent que de vos grèves.

— C'est vrai. Mais, beaucoup certainement sont à la recherche d'un mandat.

— Et ça ne vous dit rien, à vous .... un mandat ?

— Oh, non ! d'ailleurs, le pays n'est pas assez cultivé. Puis, je sais bien que je n'aurai jamais une place de député. Aussi la politique, je ne m'en occupe que le moins possible.. Notre conflit est un conflit économique.. les querelles politiques, à propos de Jaurès ou de Guesde, ne

pourraient que l'envenimer... Nous demandons
simplement l'arbitrage... mais pas de politique!..
Oh ! je sais bien, parbleu ! On m'a déjà fait des
offres pour les élections législatives. Il y a mon
vieux camarade Moché qui a si souvent été candidat malheureux !... Il m'en parlait un jour...
« Pourquoi n'essaye-tu pas, me disait-il ! — Va,
va, mon vieux, lui ai-je répondu, ça n'est pas
mûr... Nous luttons, nous, pour les autres...
Mais nous ne serons jamais députés. »

— Peut-être.

— Non, c'est bien sûr ! Pour nous, les profits
ne sont jamais grands.

— Ils le sont certainement plus pour le « camarade » Millerand.

Alors, le brave homme pour lequel les nuan-
ces politiques ne comptent guère, me répondit
amèrement :

— Oh ! Millerand, il en est *coiffé* de sa
place !

A Douai. — Les coulisses d'une fédération. —
Socialisme et limonade.

Accueillie avec enthousiasme et lyrisme par
le citoyen Jaurès, la Fédération autonome du
Nord et du Pas-de-Calais, sortie toute faite, et
pour les besoins de la cause, au lendemain du
Congrès, apportait, à peine née, un extraordinaire programme de conférences.

Il semblait bien qu'une pareille organisation,
comportant la création d'au moins dix comités,
dans les dix villes visitées par les leaders socialistes, demandait un peu plus d'une nuit de
labeur.

Or, comme la proclamation signée du citoyen
Maurice Monier était datée de Douai, au siège
de la fédération, 19, rue du Canteleu, quoi de
plus simple que d'aller voir ce nouveau quartier
général du socialisme ?

Une fois à Douai, mon premier soin fut naturellement de me rendre à l'adresse indiquée. Je
croyais trouver là quelque officine révolution-

naire, bourse du travail ou maison du peuple,
mais point : un joli petit hôtel d'un étage. Du
rez-de-chaussée, par les fenêtres entre-bâillées,
on apercevait un petit salon d'une rare élégance.
Des lampes coquettement coiffées d'abat-jour
en dentelles, des meubles soyeux, etc., etc. Et
je me dis qu'il y avait erreur.

— ... Qui demeure là ?... demandai-je à un
voisin.

— C'est un chef de bataillon d'infanterie !

— Ah !.. Mais... Et, la Fédération autonome... du Nord et du Pas-de-Calais ?

— Sais pas !

Ce n'est pas que je crusse le citoyen Monier
incapable d'habiter une aussi douillette bonbon-
nière. Au contraire. J'avais eu la chance de voir
le citoyen à Lens. Organisateur des fêtes en
l'honneur du ministre du commerce, il était là,
un des premiers sur le quai, à attendre le citoyen
Millerand. Jeune, dodu, vêtu avec une suprême
élégance, impeccable de la pointe de ses bottes
vernies au bout de ses gants blancs, il me fit

l'effet d'un beau fils de famille amplement pourvu
de bijoux d'or. Il souriait, et sa bouche n'avait
que des paroles aimables sous l'arc frisé de sa
moustache rousse. Il pouvait donc très vraisem=
blablement être l'hôte de la petite maison de la
rue du Canteleu. C'est ce que je demandai au
voisin.

— Il y'a peut-être, me dit-il, une pièce à
louer sur le derrière.

Je n'insistai pas. La fédération, si autonome
qu'elle fût, me parut réellement trop mince et
trop chétive pour en visiter le berceau.

Je ne cachai pas mon désappointement à un
Douaisien qui suit, depuis de longues années,
la politique républicaine. Je dois dire qu'il ne
put s'empêcher de rire aux éclats quand je lui
appris que j'étais venu à Douai exprès pour contempler la Fédération autonome du Nord et du
Pas-de-Calais.

— Mais, ici, me dit-il, ça fait sourire et haus-
ser les épaules.

— Tout beau, cher ami, mais c'est avec ces
baudruches habilement gonflées que Jaurès et

ses amis font croire au Midi que le Nord leur
appartient.

— Ils n'ont rien du tout... Delcluze, de
Calais, avait raison dé vous dire que Monier
ignore le socialisme... Savez-vous qui est le
citoyen Monier !

— Un charmant garçon ?

— Pas plus... Il menait à Lille, après avoir
fait ses études à Douai, une existence d'étudiant
joyeux, essayant son intelligence à des petites
œuvres littéraires. Il est jeune... à peine vingt-
cinq ans... Heureux dans ce monde... Il n'a pas
souffert de la vie... Pas soldat !... il a ignoré
les petits ennuis du métier militaire... Naturellement, il est antimilitariste. Sa situation
actuelle ?... Il est secrétaire du citoyen député
Basly.

— Et l'ouvrier ? lui qui croit que c'est arrivé !

— On s'en moque !.. Je vous donne en mille
la raison fondamentale de toute cette agitation
fédérale.

— J'écoute !

— C'est très simple ! le citoyen Maurice

Monier a pour père..., pour bon père..., un bras-
seur établi pas loin d'ici, à Leforet... Il est four-
nisseur de tous les débits où se réunissent les
syndiqués... Vous voyez d'ici la filière... La
propagande du fils fait vendre la bière du père...

— Et le socialisme alors ?

— Ce n'est plus une idée spéculative... c'est
une spéculation !

Le pseudo-Congrès de Douai.

Les raisons de mon interlocuteur m'avaient
fortement impressionné... Mais je ne voulais pas
encore croire à tant de machiavélisme pratique.
Le Congrès de Douai devait faire sur tout cela
une lumière complète. J'ai vu ce Congrès. Il se
tenait le vendredi 12 courant, dans un modeste
estaminet de la rue de Valenciennes qui s'inti-
tule solennellement *la Taverne*. Les congres-
sistes étaient à peine une trentaine réunis dans
une petite salle. Commencée à une heure et
demie, cette parlote prit fin deux heures après.
On fuma des pipes en buvant des chopes. Et, le

5.

surlendemain, la *Petite République* donnait un
compte rendu mirobolant. Une *soixantaine* de
délégués étaient présents, représentant 200 groupes. Le *Réveil du Nord*, plus répandu, annonçait, lui, le même jour, que ces mêmes soixante
délégués représentaient 200 groupes. De nombreuses résolutions avaient été prises pour l'organisation et la propagande. Le conseil fédéral
avait été ainsi composé :

Basly, député ; Bexant, des mineurs d'Anzin ;
Léon · Escoffier, Florent Evrard, mineur du
Pas-de-Calais ; Gallais, le verrier d'Aniche ;
Moché, Maurice Monier et Salembier.

Et voilà tout ! Il y a parmi eux des représentants de syndicats ouvriers entrés dans cette
fédération sans l'assentiment des syndiqués dont
ils sont les mandataires. Il y a de bonnes gens,
comme le père Gallais, d'Aniche, qui croient
servir ainsi la cause économique des verriers.

Cette fédération est donc absolument imagi-
naire. Elle n'existe que grâce à la coalition de
quelques meneurs ambitieux qui savent admi-

rablement faire usage du timbre en caoutchouc pour la création des groupes.

Il faut véritablement toute l'illusion de la distance qui facilite le mensonge, toute l'ignorance des masses ouvrières, pour donner à cette organisation au titre ronflant une apparence de vérité.

Il faut aussi toute la puissance poétique du citoyen Jaurès pour nous présenter la région socialiste du Nord « apaisée, éclairée et unifiée par l'œuvre de *franchise* de la Fédération autonome du Nord et du Pas-de-Calais ».

Ce doit être dur, pour le citoyen Jaurès, d'étayer sa gloire sur de pareils faux-semblants.

16-20 octobre 1900.

LES CENT-JOURS

DE MONCEAU-LES-MINES

LA GRÈVE DE MONTCEAU

Aux mines de Blanzy. — Dix mille grévistes.

— Suis-je en France ?

Telle est la question que toute personne sen-
sée se pose, au réveil, dans ce pays si triste et
si noir d'ordinaire.

. La situation actuelle en augmente la mélancolie. Dans le matin, sous un ciel bas, aux carrefours de la petite ville minière, ce ne sont que
mouvements de troupes. Des gendarmes font des
patrouilles ; au centre des cours, les soldats,
dragons et chasseurs, pansent les chevaux de
leurs escadrons. Au loin, vers la campagne, du
côté des puits, la garde montante de l'infanterie
va relever ses sentinelles. Au rez-de-chaussée
de l'hôtel du Commerce, déjà les officiers supérieurs du 134e, colonel en tête, sont au rapport.
On pourrait, avec un peu d'imagination, se
croire à l'époque des manœuvres pendant les
préparatifs fiévreux de la revue finale.

Mais le jour paraît et la lecture des affiches collées sur les murs de la ville nous rappelle à la réalité.

C'est ici, sous des apparences très calmes, un pays profondément troublé. Voici une affiche blanche administrative. Elle porte la signature du maire, le citoyen Bouveri, au bas d'un arrêté interdisant le port de la soutane. Puis, voici des appels aux travailleurs — rédaction connue — un appel socialiste aux conscrits de la classe. Sur presque toutes les affiches blanches, le mot de *liberté* a été biffé par des mains protestataires. Près de ces affiches, des citoyens ont écrit, à la craie, leurs opinions plutôt violentes. Des : *Vive l'anarchie!* voisinent avec des : *Vive la révolution !*

D'autres avis incitent au pessimisme, tel celui-ci émanant du comité de la grève :

« *Le comité de grève prie les parents de ne pas laisser assister les enfants aux réunions sur la place, en raison des accidents qui peuvent arriver.* »

Cela veut dire que la place de l'Église, dénommée maintenant placé de la Grève, peut être le théâtre de quelques bagarres.

Doux pays ! Vers midi, toutefois, sous ce pâle soleil d'hiver, un avis placardé par les soins de la Société des mines de Blanzy annonce pour aujourd'hui la paie de la première quinzaine de janvier. C'est donc un peu d'argent qui va tomber dans le gousset des grévistes.

Est-ce cette perspective de quelques bons jours qui donne à cette foule une allure quasi-joyeuse ? Toujours est-il qu'aux abords des lieux de paie, les centaines d'ouvriers et ouvrières qui, pendant des heures, attendent leur tour de passer à la caisse, forment de petites assemblées où règne la plus parfaite bonne humeur. Les fillettes en cotillons roses, bleus ou grenat, quelques-unes avec des cols en duvets de cygne, le chignon coquettement relevé, jasent au nez des dragons impassibles sur leurs chevaux, la lance à la cuisse. Les hommes ne sont pas mis avec moins de recherche : pantalon de velours historié, mince des genoux et large des pattes ; chapeau mou à larges bords. Les plus jeunes

ont des cravates rouge-sang et sont chaussés de
ces jolis sabots de Bourg-en-Bresse, sculptés de
fleurs en relief au coloris cru.

La place de l'Eglise sert, jusqu'à deux heures,
de champ de foire. Un bateleur qui jongle avec
des poids a beaucoup de succès. Les grévistes
lui jettent des sous. A deux heures, l'hercule
range son matériel et d'autres bateleurs arrivent : ce sont les meneurs socialistes, le citoyen
Maxence Roldes en tête.

Ce citoyen est très populaire dans le bassin.
C'est lui qui, l'an dernier, eut l'idée extraordinaire d'organiser l'exode du Creusot sur Paris.
M. Millerand eut tôt fait alors de lui dépêcher
l'ordre de n'en rien faire. Et il n'en fit rien. On
est discipliné ou on ne l'est pas.

Ce que le citoyen Maxence Roldes a fait de
plus important depuis son arrivée ici, c'est de
faire voter par les grévistes *un ordre du jour de
blâme contre la police de Lyon* (?)

Loisirs.

Il y a, place de l'Eglise, beaucoup d'ouvriers

pour entendre le citoyen Roldes ; il y en a davantage aux abords de l'hôtel du Commerce pour assister au va-et-vient de la troupe, général, colonel, commandants, officiers et soldats. Va-et-vient tout à fait pacifique et qui semble inspirer aux grévistes plus de curiosité que de crainte.

Nous sommes loin de « l'heure des tueries et des massacres », dont il est question dans un article du *Petit Sou*. Les trois mille soldats ne sont pas là « fusil chargé », non ! Ils montent une garde commandée par M. Waldeck-Rousseau lui-même, car, renseignements pris, l'envoi des troupes est dû à l'initiative du cabinet.

Ces pantalons rouges, je le répète, n'inquiètent pas les grévistes. Une visite au quartier des alouettes va nous le démontrer.

Les *Alouettes*, c'est un des principaux corons qui environnent la mine : village composé de plusieurs centaines de maisonnettes ayant un jardinet sur le devant, toutes bâties sur le même modèle. Mais, rien qu'à les voir extérieurement, on a vite conscience qu'il n'en est pas

de même des locataires, et que les types en
sont divers.

Contraste : Ici, la maisonnette aux rideaux
propres, au devant sablé, avec un banc vert
sous une tonnelle ; de belles volailles picorent
sur le seuil et la ménagère étend du linge clair
sur une claie d'osier. En face, la maisonnette
sœur, sale, mal tenue, avec, dans le jardin
inculte, un amoncellement d'immondices sur
lesquelles un chien pelé cherche de quoi ne pas
mourir. Tels logis, tels maîtres.

C'est dans une de ces habitations du premier
type que j'ai appris le secret de la grève.

— Monsieur, m'a dit l'hôte attristé de l'endroit, voici ce qui s'est passé. Vers le 18 décem-
bre, nous avons soumis aux directeurs de
l'usine certaines revendications touchant l'augmentation des salaires et la reprise de quelques ouvriers remplacés précédemment. Le
syndicat de vingt membres, qui traitait avec
la Compagnie, voulait obtenir 10 0/0 d'augmentation de salaire. Il tint à l'usine une série
de grandes réunions où les divers points furent

discutés. Dans celle du 2 janvier, on tomba d'accord de part et d'autre. L'usine accordait 5 0/0 d'augmentation de salaire, du 1er janvier au 1er octobre, et elle ajoutait une prime de 2 0/0 payable au mois d'août.

— Et cela vous convenait?

— Certes oui! Cette prime tombant à la Saint-Martin nous aidait pour le loyer.

— Il est cher?

— Cinquante à soixante francs.

— Et la prime était de 36 francs... Donc, tout était bien.

— Mais oui! puisque cet accord, intervenu le 2 janvier, était ratifié le 5... Seulement, quinze jours après, la grève était décidée... oh! pas par moi, qui suis un ouvrier du jour de la mine; mais par d'autres, pas des mineurs, assurément.

— Et vous avez suivi?

— Dame! Et les coups! Vous savez, les autres, ils sont rudes pour les renégats!

Je quittai le pauvre homme.

En vérité, c'est une honte pour la France, ces

crises sans raison, et parfois sans issue, qui
naissent de la seule volonté d'un groupe de
meneurs ou du simple désir d'un ambitieux !

La philosophie de cette situation cruelle pour
quelques-uns, un batelier du port s'est chargé
de la déduire :

— Tenez, m'a-t-il dit, en me montrant toutes
les péniches — plus d'une centaine — de la
Compagnie... Les ouvriers sont des égoïstes...
Ils touchent de l'argent eux, aujourd'hui ; mais
ils n'ignorent pas que nous, nous vivons au
jour le jour... Quand la péniche est vide, notre
estomac est vide aussi ! Et les voilà qui chantent l'*Internationale*, avec la fanfare encore !

Il faut réellement posséder l'imagination de
M. Jaurès pour dire, après cela, que le « prolétariat est uni ! »
25 janv. 1901.

Soir de paie. — Nuits dangereuses.

Il faut vivre dans ce trouble et dans cette folie
pour en connaître toute l'horreur. Cet après-

midi du jour de paie fut relativement paisible.
Mais, vers le soir, changement de spectacle.
Dans les rues où beaucoup de becs de gaz sont
éteints, c'est un silence de mort. La ville est
longue et large. Elle est boueuse. Dès huit
heures, huit heures et demie au plus tard, les
boutiquiers — dont les affaires, hélas ! n'allèrent
jamais aussi mal — mettent les volets. Seuls les
débits demeurent ouverts. Ce sont, pour les
grévistes, des maisons hospitalières. D'épais
rideaux de toile cachent les buveurs aux yeux
des curieux. Dans le calme des rues, des chants
sauvages font tressaillir le promeneur attardé...
attardé à huit heures et demie du soir !

Je dis « le promeneur », car j'étais seul à
faire cette promenade nocturne et sans sécurité.
Aux carrefours, des groupes de grévistes montent la garde, armés de courts bâtons blancs.
Dès que la nuit tombe, toute vie extérieure est
suspendue. Ceux que leurs affaires appellent au
dehors risquent d'être violemment invectivés...
sinon pis.

Si vous avez un pardessus, on vous prend

pour un employé de la Compagnie, et c'est un débordement d'injures. Pareille mésaventure m'est arrivée. Je passe rue Carnot, près de la mairie, à l'angle de laquelle stationne un groupe de cinq ou six jeunes gens. Je n'étais pas à dix mètres de ces « sentinelles » qu'on me corne aux oreilles :

— Assassin !... assassin !

Je ralentis. Les cris redoublent :

— Assassin !... Assassin !

Je fais volte-face et marche droit vers le groupe.

— Alors, quoi ? dis-je à l'un deux.

— Ah ! me répond-il confus....... on s'a trompé !

Et nous parlementons...

— On vous prenait pour... le « Bosco »...

— Et si j'étais le « Bosco » ?

— Ah ! dame !

Voilà le gai spectacle qu'offre un coin de France, au début du vingtième siècle, sous le ministère Waldeck.

Et si vous ouvrez les journaux socialistes,

vous y lirez que les rues sont sillonnées de
patrouilles militaires. La vérité, c'est qu'en fait
de patrouilles il n'y a que celles des grévistes.
C'est même une chose assez douloureusement
impressionnante que ces ponts gardés par des
hommes armés de bâtons.

Ils rôdent autour des gendarmes, un par un,
comme des chacals autour d'un camp. Les gendarmes ont des ordres pour ne pas intervenir.
Ils doivent, en silence, digérer les insultes. Il
en est de même aux abords des puits, où des
femmes de travailleurs qui portaient à manger
à leurs hommes ont été conspuées ou molestées.

Les vrais grévistes.

Ces manœuvres, je me hâte de le dire, ne sont
pas le fait des mineurs grévistes. Ici s'impose
une petite distinction.

La Compagnie des mines de Blanzy, contrai-
rement à ce qui se passe dans les entreprises
similaires, occupe toutes sortes de corps d'états.
Parmi les huit mille huit cents personnes ins-

crites sur ses contrôles, il n'y a guère que quatre mille quatre cents mineurs ; le reste est composé d'ouvriers de tous genres et surtout de
manœuvres, jeunes gens de 16 à 18 ans. Ce sont
ceux-là qui terrorisent les autres. Les initia-
teurs et les « mainteneurs » de la grève, ce sont
eux.

C'est ce qui fait que cette grève, accueillie,
décidée par la jeunesse, n'a pas de cause sérieuse.

La réunion de tantôt, place de l'Eglise, réunion ratée, on peut le dire, montre, une fois de
plus, le désaccord entre la pensée intime des
ouvriers et les théories de ceux qui s'en font les
meneurs.

Les socialistes font, ici, de l'antimilitarisme
le principal acte de leur foi. Ils vont jusqu'à
répandre le bruit que les trois cents conscrits
de Montceau refuseront de tirer au sort le 30 courant. Or, aux réunions de la place de l'Eglise,
les sociétés d'instruction militaire et de gym-
nastique — en uniforme s. v. p. — sont toujours les premières arrivées, heureuses de faire
montre de leur belle prestance guerrière.

Les socialistes crient : A bas la calotte ! Bouveri, maire, a fait affiché un arrêté proscrivant le port de la soutane. Or, voici, à trois heures et demie, en plein jour, un enterrement religieux qui passe... Tous les grévistes se sont découverts !

On parlait hier de l'arrivée du citoyen Viviani.

Le citoyen Collongy a aussitôt pris la parole pour dire :

— Au nom des travailleurs du Creusot, je mets en garde nos amis grévistes contre l'intrusion des politiciens. Les envoyés du ministère qui firent avaler aux ouvriers la pilule dénommée : *arbitrage ministériel*, doivent être considérés comme suspects par les travailleurs de Montceau.

Voilà qui est net. Aussi M. Viviani, dont on avait annoncé l'arrivée, n'est pas venu.

De toutes les revendications formulées par les grévistes, une seule mérite et méritera toujours attention : c'est celle concernant le salaire.

J'ai vu quelqu'un qui sait tout ce qui se passe à la Compagnie. Il est bien vrai qu'au mépris de l'accord signé le 9 janvier, les ouvriers ont *sour-*

noisement abandonné le travail. Ils demandent
une augmentation. Soit ! Voici ce que la personne en question m'a déclaré de façon for-
melle :

— Pour ce qui concerne les salaires, un exemple suffira à vous convaincre que la Compagnie
ne peut rien faire de plus. On s'appuie pour la
revendication, sur les salaires du Nord et du
Pas-de-Calais, payés depuis 1889. Or, depuis
cette époque, le taux des salaires a augmenté
dans le Nord et le Pas-de-Calais de 40 0/0 et le
taux du dividende de 100 0/0. A la Compagnie
des mines de Blanzy, c'est autre chose. Les
salaires n'ont subi qu'une *augmentation* de
25 0/0, mais le dividende a subi, lui, une *dimi-
nution* de 50 0/0. Voilà la vérité ! Après cela,
je ne vois pas comment M. Jaurès peut écrire
raisonnablement ce qu'il écrivait hier encore :
« *Quoi qu'on fasse, entre les salariés et les
capitalistes, il y a une lutte essentielle, perma-
nente. Les salariés ont intérêt à réduire au
profit du salaire la part du dividende, et les
capitalistes à réduire au profit du dividende la*

part du salaire. » En vérité ce n'est pas le cas pour Montceau.

Ici, donc, les salariés et les patrons paraissent en mauvaise posture.

Toutefois on annonce pour demain dimanche deux bals dans les salles où les grévistes tiennent habituellement leurs assises.

26 janvier 1901.

LES PLAISIRS DE LA GRÈVE

Au théâtre. — Les pupilles rouges.

Le ciel n'est pas avec les grévistes. Une pluie diluvienne tombe sans arrêt depuis bientôt quarante-huit heures. Les drapeaux rouges ou tricolores restent aux logis. Les grévistes font de même. La ville est morne, des coups de vent dur soulèvent l'eau du canal qui, seul, semble vivre dans cette immense désolation. Les cheminées, veuves de leur panache de fumée, se dressent lamentablement sur la grisaille lourde

des nuages. Une torpeur effrayante plane sur
ces innombrables demeures et sur les 25.000 personnes qui y vivent actuellement dans l'angoisse
et l'ennui.

Le ciel pleure sur tout cela. Mais voici que,
pour égayer leur déprimante inaction, quelques grévistes ont imaginé de monter un théâtre et d'y jouer, eux-mêmes, une pièce de leur
composition.

Dans toutes ces villes usinières et industrielles, il existe un lieu de plaisir qui, par son titre,
évoque un refuge idéal ou voluptueux. A Calais,
il y a l'Elysée ; ici, c'est l'Eden. Mais, ici, comme
là-bas, c'est toujours une salle pauvrement déco-
rée, déplorable comme hygiène. Toujours le
même public endimanché, hommes bruyants,
femmes naïves, bébés roses. Les mineurs,
acteurs improvisés, affectionnent le genre tra-
gique. Les deux pièces qu'ils ont jouées ne com-
prenaient pas moins d'une quinzaine d'actes.
— hélas ! oui — L'entrée coûtait six sous ou
dix sous et le spectacle devait durer six heures.
On voyait, dans la première pièce, un simple

soldat tuer son lieutenant d'un coup de fusil au moment de la bataille. Comme ça sentait énormément la poudre, on a beaucoup applaudi. Toutefois, le simple soldat passe au conseil de guerre et il est condamné à mort. On assiste à la cérémonie du peloton d'exécution. Un sous-lieutenant, puisque le lieutenant est mort, commande le feu.

— Crosse en l'air ! crient quelques voix dans la salle.

Ce cri reste sans écho. Je l'ai dit et je le répète, les mineurs ne sont pas antimilitaristes. Ne saluaient-ils pas, hier, au passage, le général de La Pommeraye ?

La seconde pièce était tirée d'un vieux mélo : des épisodes de grève mêlés d'un roman d'amour. Il n'y manquait aucun des accessoires du mélodrame, épée, revolver et poison, Seulement le bruit des armes fit pleurer les marmots et le tintin des verres de limonade couvrit parfois l'organe un peu timide des premiers rôles.

Ces distractions, contrastant avec tant de misères, n'ont rien qui puisse surprendre.

. Ma voisine, une « gaillette » qu'accompagnait son amoureux, me l'expliqua :

— N'est-ce pas ? me dit-elle, qu'on serait triste à cause de la grève... ça ne changerait rien aux événements !

Et l'on s'efforce d'être gai. Après le théâtre, le bal qui, commencé vers deux heures de l'après-midi, s'est prolongé fort tard dans la nuit.

C'est toujours la kermesse, moins la joie pétillante du Nord. Parfois une bande de jeunes hommes lance à tue-tête un « ça y est !... ça y est ! » qui couvre l'air de danse. Je demande ce que cela signifie :

— C'est un garçon qui vient d'embrasser une fille !

Jeunes buveurs.

On cherche donc à tuer le temps dans le monde ennuyé des grévistes. Les débits, qui pullulent place de la Grève, sont remplis de buveurs. Il y a du vin à huit sous le litre. Ceux qui peuvent s'offrir ce dangereux consolateur s'installent là pour de longues heures. Ils causent de choses vaines, se plaignent du manque de détails sur la situation. Et l'on voit bien, à leur attitude lasse, que la grève les tient inactifs contre leur volonté.

Il y a, dans le nombre, des adolescents de quatorze, quinze et seize ans. Eux aussi boivent du vin bleu. Mangent-ils ? Ce que j'ai vu permet d'en douter... Ils étaient trois à se partager un litre. Lors, entre un marchand de petits pains mollets. Il les vend deux sous. L'aîné des trois en achète un et le partage entre ses camarades, qui se jettent gloutonnement sur cette bouchée de nourriture. Et l'amphytrion de dire, en jetant un regard triste sur ses petits amis :

— J'en mangerais bien à moi seul une douzaine !

Le marchand revint. J'achetai trois brioches et les leur offris.

— Nous ne voulons pas vous en priver, me dirent-ils.

— Oh ! moi...

— Vous n'êtes donc pas en grève ?

— Non !

— Ah ! tant mieux pour vous !

Et ces enfants mangèrent mes brioches en retrouvant leur sourire.

Voyons, en toute franchise, n'est-ce pas un crime que d'enrégimenter ces pauvres créatures, que de leur donner l'illusion d'une existence qu'ils n'auront pas, l'illusion d'une force qu'ils ne peuvent avoir ?

N'est-ce pas un crime de laisser librement pousser des cris de : *Vive la Révolution !* comme l'a fait M. Symian, hier, à la gare, *en quittant Montceau-les-Mines.*

N'est-ce pas un crime que de laisser une telle terreur régner *la nuit* dans une ville de 25.000 âmes, pleine de foyers où la faim est assise, et où, pour cinq cents grévistes qui dansent ou chantent, il y en a des milliers qui souffrent et se désespèrent ?

Les allumeurs de réverbères n'osent plus vaquer à leur besogne. Les puits de la mine s'inondent faute de pompes en mouvement. Il faudra huit jours pour les remettre en état.

Des bruits singuliers circulent. On dit que, par crainte d'être battus, les 300 conscrits de Montceau ne tireront pas au sort mardi.

27 janv. 1901.

LA TERREUR NOIRE

Justes plaintes. — Vaine police. — Vers la ruine.

On espérait que la pluie dissiperait toute crainte. Il n'en est rien. La nuit dernière a fourni son lot d'incidents qui, tous, n'ont pas été clos à la joie des grévistes.

On parle de la noyade d'un ouvrier qui aurait été jeté à l'eau par des grévistes hostiles au syndicat auquel ce malheureux appartenait.

D'autre part, un incendie s'est déclaré dans une boulangerie, dont le patron est incriminé d'avoir refusé du pain à crédit à des grévistes. C'est le troisième depuis deux jours.

A distance, ces choses-là peuvent paraître

extraordinaires. Mais ici, c'est le trantran normal.

Quand les gens s'abordent, la première parole
qu'ils prononcent est celle-ci :

— Tu n'as pas été arrêté ?

— Non !... Mais il y a un tel... il était sur la
route du Magny. Une bande de grévistes s'est
mise en travers de la route. Il était à bicyclette.
Il a montré son revolver. Alors, ils l'ont laissé
tranquille.

Un boulanger, M. Lardry, est arrêté. Un
homme se jette à la bride de son cheval et lui
crie :

— Attends, coquin ! que je t'assomme !

Le boulanger a porté plainte à la gendarmerie. Ce n'est pas la seule. Il y a, ce matin lundi,
une quarantaine de plaintes déposées.

De tous ces méfaits, le plus stupéfiant est
celui qu'a commis une bande d'au moins 150
grévistes.

Ces aimables citoyens se sont rendus, drapeau en tête, sur le territoire voisin de la commune de Charmoy, à une dizaine de kilomètres

de. Montceau. Les deux tiers au moins de cet
« effectif » étaient armés de fusils de chasse,
et, pendant tout l'après-midi, déployés en tirail-
leurs, ils ont braconné la propriété *gardée* du
baron de Montbrun, actuellement à Paris. La
propriété pourtant était gardée par quatre
gardes. Mais leur impuissance se conçoit aisément. Après avoir brûlé plus d'un millier de
cartouches, les braconniers, amplement pour-
vus de gibier, ont rebroussé chemin, en assu-
rant les paysans ahuris qu'ils reviendraient au
prochain jour sur la chasse du comte de Char-
rins.

Les forces militaires et de gendarmerie réunies à Montceau par ordre du ministère attendent de nouvelles instructions pour agir. Pour
l'instant, elles n'ont d'autre consigne que de
recevoir des injures, si on les injurie, de la
boue si on leur en jette.

L'inaction de Montceau se répercute au Creusot. Devant le manque de charbon, l'usine
Schneider a commandé ses charbons en Amérique. Le premier wagon vient d'arriver.

7

A ce régime-là, que sera, dans quelques années, la situation économique de la France ?

28 janv. 1901.

EST-CE L'ANARCHIE ?

Situation grave. — Complicité gouvernementale. — Ouvriers au désespoir.

Le désarroi s'accentue d'heure en heure. Les employés de l'usine en sont réduits à faire le service d'allumage du gaz dans une ville de 25.000 habitants. Personne n'ose plus sortir la nuit. Ceux qui s'aventurent dans les rues marchent armés. Ce spectacle, s'il n'était écœurant et lamentable, serait risible.

Les gens se félicitent mutuellement sur la grosseur, la force et le poids de leurs cannes plombées. Si, pour chercher sa bourse ou du papier à cigarette, on vide ses poches, il en sort un revolver, parfois deux. Cela n'émeut personne, tant le revolver est devenu, par suite des circonstances, un objet de première néces-

sité. On l'appelle un « petit crucifix ». Entre
temps, à la nuit noire, les attentats se répètent.
La gendarmerie, qui fait quelques patrouilles,
ne peut être partout à la fois.

Nous avons eu ce matin le spectacle d'un
enterrement socialiste, avec drap rouge, drapeaux rouges, insignes rouges, costumes rouges, trognes rouges, tout en rouge.

Cette situation se complique d'une quantité
de délits municipaux sur lesquels Bouveri, le
maire socialiste, ferme les yeux. Bien loin de
calmer les grévistes, il leur tient ce langage :

— Vous avez raison, camarades ! Mourir de
faim en travaillant ou mourir de faim sans travailler ? Cette dernière manière est la meilleure !

Ce maire est étonnant : il vient de faire voter
*des centimes additionnels avec effet rétroactif
sur l'exercice écoulé de l'année 1900.*

Contre les conscrits.

La jeunesse socialiste a tenu une réunion,
très ardente, dans le but d'amener à elle les
conscrits qui désirent tirer au sort.

Un citoyen qui porte un nom de légende, le citoyen Florimont, va. plus loin. Il adresse aux jeunes conscrits un appel de forme modérée, mais d'autant plus perfide :

— Ceux d'entre vous, dit-il, — et j'espère que ce sera la presque unanimité, — qui se refuseront au tirage et qui manifesteront, devront se garder d'entraînements irréfléchis, de provocations trop violentes.. Il est bien de manifester sa haine des institutions militaires en refusant de tirer au sort, en se réfugiant dans l'abstention ; mais il faut que cela soit fait paisiblement, pour ne pas enlever à la protestation son caractère de grandeur et de fermeté.... Il faut qu'aux yeux des camarades sous les drapeaux votre refus en masse apparaisse comme une formidable, mais digne protestation contre leur encasernement et contre leur affectation au service de la mine.

Le tirage au sort nous réserve donc plus d'une surprise. L'antimilitarisme, qui jusqu'à ce jour n'a guère eu de prosélytes ici, pourrait bien y faire quelques recrues..

Ces excitations se produisent impunément, grâce à la complaisance, on pourrait presque dire à la complicité gouvernementale.

Le capitaine Michelin avait ici les gendarmes sous ses ordres. Le commandement était donc en bonnes mains. Les journaux socialistes ont simplement rappelé que le capitaine « avait opéré » lors des derniers troubles de Chalon. Le lendemain, il était remplacé. Aussi les feuilles écarlates de la région exultent et tressent des lauriers au ministère Waldeck *pour son exécution du sabreur Michelin !*

Une pareille soumission gouvernementale aux ordres des révoltés n'est-elle pas de nature à troubler la population honnête qui ne sépare pas le principe d'autorité du principe du gouvernement ?

Les « Jaunes ».

Et dire que, pour un gouvernement soucieux de rendre à la France son activité productrice, il y aurait à faire de si belle et si salutaire beso-

gne dans ce pays riche où tant d'hommes courageux demeurent inactifs et désespérés.

Je suis allé voir, chez eux, dans leur bureau
syndical, ceux que les « rouges » appellent des
« jaunes ».

Le café du rez-de-chaussée dut subir, au
5 août de l'année dernière, un terrible assaut.
Toutes les glaces furent brisées. Le patron les
a rapiécées avec des bandes de papier-toile. On
dirait des pansements.

— Nous laissons les choses en l'état, dit-il ;
on ne sait pas ce qui peut arriver !

Au premier étage, je suis reçu par les membres du syndicat n° 2.

Ce sont de beaux hommes à la figure franche,
aux épaules larges, aux yeux clairs.

Un écusson, dès l'entrée, attire les regards.
On y lit : PAIX — TRAVAIL — LIBERTÉ.

Ces mots semblent une amère dérision dans
ce pays où règnent la GUERRE, la PARESSE et la
TYRANNIE.

— La situation, me dit l'un de ces braves, est
dure pour tous. Nous subissons la grève. Nous

en connaissons les causes. Les revendications des grévistes sont peu sérieuses.

— Mais, ajoute un autre avec rudesse, mais qu'est-ce qu'ils veulent donc ? que demande l'ou-vrier ? Du travail et du salaire ! Il y a de tout ça, ici ! Un pays si riche, monsieur ! un pays de cocagne ! Et dire que les industries voisines demandent du charbon en Angleterre, quand il y en a tant chez nous ! Mais qu'est-ce qu'ils veulent donc ?

— Ce qu'ils veulent ? je vais te le dire, reprend un troisième...... Ils veulent le chambar-dement.

Et les voilà qui me content par le menu ces longs mois pleins d'angoisses, de luttes sour-noises, d'attaques continuelles au coin des rues, les haines sourdes de maison à maison, de bou-tique à boutique, toute cette existence de sau-vages qu'on ne voit guère que dans les placers du pays de l'or... puis la situation actuelle, les craintes quotidiennes, l'épouvante d'un avenir dont on prévoit les douleurs ; le pays ruiné, la liberté morte.

— Oh ! la liberté, murmure un mineur douloureusement. Ici, on n'a pas d'autre liberté que celle qu'on prend..revolver au poing.

Les délits s'ajoutent aux délits, les méfaits municipaux à ceux de quelques malandrins qui se disent grévistes.

Et il y a ici, en déplacement et en permanence, le préfet, le sous-préfet, des commissaires spéciaux, un général, des colonels, un commandant de gendarmerie chargé de la direction des forces de police, des centaines de gendarmes et de soldats, tous les représentants les plus autorisés du pouvoir.

Et le dernier des voyous, avec un simple bâton de hêtre, est plus puissant que la loi !

C'est ainsi que M. Waldeck-Rousseau peut dire qu'il a le pays dans la main.

29 janv. 1901.

UNE BONNE JOURNÉE

Les conscrits n'écoutent pas les socialistes.

Les socialistes, les partisans de l'antimilitarisme avaient fait une telle propagande, multi-
pliant les réunions, les démarches, les manifestations locales, qu'il y avait lieu de redouter
que la peur et la faiblesse éloignassent du tirage
au sort les 303 conscrits des cantons de Montceau
et de Saint-Vallier.

Or, les anarchistes n'ont pas été les triom-
phateurs du jour, au contraire !

A midi et demi, alors que trois ou quatre
mille personnes grouillent autour de l'hôtel de
ville, flanqué de baraques et d'éventaires où se
débitent des insignes tricolores. les membres de
la Jeunesse socialiste se réunissent. Ils sont très
peu nombreux. Mais comme il faut bien qu'ils
affirment leur existence, le citoyen Florimont
pousse sa petite tirade anarchiste. On connaît la
chanson. Elle se résume en ces trois mots ;

« Ne tirez pas ! » Le citoyen Florimont est un
maniaque ; ce qu'il dit aux conscrits, il l'avait
déjà dit aux soldats. Autant en emporte le
vent !

Après cette petite démonstration, les intéressés envahissent la mairie.

M. Trépont sous-préfet de Dijon, est déjà là.
Il s'est donné, pour la circonstance, une petite
allure militaire : joli dolman à brandebourgs, képi
rigide, pantalon d'uniforme à bandes d'argent
avec jambières de cuir verni. Ce fonctionnaire
énergique va procéder à l'appel. C'est la minute
anxieuse.

Le sous-préfet fait l'appel et voilà qu'à sa
voix bien timbrée, — c'est un Méridional, —
tous les conscrits répondent : Présent ! Pas une
défection ! Et le tirage au sort commence. Tous
y marchent allègrement. Le premier tire le
numéro 7. Il descend de la tribune en criant :
Vive la classe ! Et c'est une joie qui grandit.
Tous, tous se présentent, même les « réfractaires » du groupe de la Jeunesse socialiste,
avec leur casquette rouge sur laquelle est bro-

dée cette légende : *Armée prolétarienne, classe 1900.*

Un soldat, engagé volontaire, qui vient tirer obtient un joli succès. C'est fini. Les groupes de conscrits enrubannés des pieds à la tête, — on est si près de Saint-Etienne ! — regagnent leurs communes respectives. La musique marche en tête ; des tambours-majors improvisés jonglent adroitement avec de longues cannes. Les ras et les flas se succèdent, les clairons rythment des marches guerrières, et les drapeaux, les larges drapeaux tricolores, emplissent la rue de leurs joyeuses couleurs.

L'autre cortège.

Pendant que cette brave jeunesse accomplit le premier de ses devoirs civiques, que font les autres, les pseudo-syndiqués, les révoltés, les anarchistes, et autres inconscients ? Ils organisent une manifestation... Pour parcourir la ville ? Non ! Ils fuient ce champ de bataille où ils viennent de subir une défaite carabinée. Formant une colonne de 2 à 3,000 manifestants, ils

s'en vont, musique en tête, dans la campagne
du côté du Magny. Eux aussi jouent des marches
guerrières. Quelques conseillers municipaux
forment l'avant-garde. Après quoi, la bande
rentre en ville, très diminuée. Ils ne sont plus
que mille à douze cents, pour écouter leurs leaders assermentés : le citoyen Chalot, qui pérore
pour « le bien de la grève » ; le citoyen Roldes,
qui fulmine contre le directeur de la Compagnie
de Blanzy : enfin le citoyen Clausse, qui va plus
loin encore, mais qui est plus drôle.

— Il faut « fesser » M. Coste, dit-il, et je
m'en charge au besoin !

De tous ces discours, assez incohérents, un
seul est à retenir. Il contient un aveu.

Le citoyen qui le prononce est un personnage
influent ; c'est le secrétaire de la Fédération des
mineurs de la Loire.

— *Je blâme, dit-il, cette grève actuelle de
Montceau... Elle est partie trop tôt... Elle dé-
range les projets de grève générale qui devaient
être réalisés au Congrès général des mineurs de
Saint-Eloy !*

Si, dès aujourd'hui, le gouvernement comprend son devoir, tout peut rentrer dans l'ordre d'ici quinze jours.

Au cas contraire, de tristes événements se préparent. Le syndicat de la grève n'a pas d'argent. Il ne reçoit guère plus que des dons en nature. Mais qu'est-ce qu'une couronne de pain et un panier de choux-raves pour des familles où il y a sept à huit bouches à nourrir chaque jour?

La misère va s'étendre à tous les environs. Le chômage, dès demain, commencera dans les usines qui s'approvisionnaient de charbon à Blanzy.

Les socialistes, qui avaient prévu ce malheur, s'en réjouissent. Ils appellent ce chômage une grève, en espérant que ces malheureux viendront grossir leurs rangs.

Et ce sont eux qui disent que le patronat est un affameur !

30 janv. 1901.

LA TYRANNIE A OUTRANCE

Les meneurs continuent.

Ce spectacle devient fastidieux. On ne prévoit pas de changement avant de longs jours, à moins que les représentants du pouvoir... mais c'est si vraisemblable !

M. Maxence Roldes l'a dit :

— Nous préparons une résistance qui stupéfiera le patronat.

Il n'y aura pas que les patrons de stupéfiés. Les bons ouvriers le sont aussi. Que le gouvernement n'intervienne pas, cela les dépasse. Et vainement, les ministres responsables voudront-ils arguer que le devoir de l'Etat est de ne pas intervenir dans un conflit entre une compagnie et ses ouvriers. Ils n'y peuvent croire.

La vérité suprême.

Le gouvernement ne se trouve pas, comme on pourrait le lui faire croire, devant une formidable armée ouvrière qui réclame brutalement ses droits.

Les orateurs qui persistent à pérorer en public n'ont guère plus d'un millier de pauvres diables pour écouter leur phraséologie creuse. Ce public, diminué des badauds qui trouvent là de quoi *charmer* leurs loisirs, se limite à trois ou quatre cents personnes au plus. Et sur ce nombre, il y en a bien les trois quarts qui suivent les haut-parleurs sans savoir pourquoi. Il reste donc autour des meneurs un état-major d'une centaine de gars décidés à tout.

Nous ne ferons pas l'injure aux mineurs de les assimiler à ce déchet de la populace, à ces *chevaliers de la trique* venus on ne sait d'où et qui *partiront certainement de Montceau le jour où le travail reprendra.*

Nous avons pu constater que ceux qui prenaient la tête du mouvement gréviste n'appartenaient pas au vrai monde ouvrier.

Ils sortaient généralement du monde des prisons.

On s'explique aisément qu'un pauvre diable,

pourvu d'un fort casier judiciaire, ne rêve que le chambardement. Les vrais coupables sont ceux qui le laissent impunément se livrer à cette besogne malsaine, avec le concours d'une bienveillante neutralité.

Cette psychologie de la grève, appliquée à Montceau-les-Mines, pourrait, dans ce sens, nous amener à de singulières constatations.

Peut-être serons-nous obligé de les faire, en précisant nos souvenirs, le jour où l'incurie gouvernementale aura laissé tomber ce pays, à demi ruiné, dans les horreurs d'une guerre civile.

1er fév. 1901.

Singuliers débiteurs.

Pour ne pas en être réduits à voler, bon nombre de grévistes ont trouvé plus commode de ne pas payer leurs fournisseurs.

En général, après chaque paiement de quinzaine, les ouvriers, qui se fournissent toujours à crédit chez le boulanger, l'épicier et le marchand de vins, donnaient à ces petits négociants un léger acompte. Cette fois, les ouvriers, prétextant la grève, n'ont rien voulu donner. Les fournisseurs souffrent donc cruellement de cet état de choses. Il y en a, dans le nombre, qui n'ont pas encore été payés du crédit fait à leurs clients lors de la première grève... Il y a un an de cela !

Mais certains de ces clients ont des manières si farouches, que le créancier prend peur et reste coi.

Voici un fait que j'ai vu de mes yeux :

Dans un débit, pas très loin de l'hôtel de ville entrent cinq jeunes gens. Ils demandent deux litres. Le patron les sert. Ils en redemandent un troisième.

La tournée finie, le chef de cette escouade dit au patron d'un air dégagé.

— Nous n'avons pas d'argent, vous savez, c'est la grève !

Et ils sortirent.

— Vous les connaissez ? dis-je au patron.

— Non !

— Alors ?

— Ah ! bien, me répondit-il avec résignation,
j'aime mieux perdre le prix de mes trois litres
que d'exposer mon comptoir et ma devanture à
être saccagés !

Quelques boulangers sont mis de même sorte
à contribution.

C'est qu'à la vérité le besoin commence à se
faire cruellement sentir.

Le syndicat n° 1 prend des mesures pour faire
une distribution de soupe. C'est une grosse
besogne! et il y aura là, ce matin, quelques milliers d'écuelles tendues.

Cette décision des meneurs de la grève permet de se rendre compte de la façon toute particulière dont les socialistes pratiquent le premier
article de leur foi, la solidarité.

A Calais, où il n'y a pas actuellement — les
scrutins sont là — deux mille ouvriers en grève,
les secours abondent pour payer musiciens et
chroristes ; la *Petite République* public appel
sur appel. Elle implore la charité des syndicats
anglais, allemands et autres. Et les amis de

Salembier touchent chaque semaine quelques francs.

A Montceau, dix mille ouvriers souffrent pour la gloire socialiste. C'est à peine si la *Petite République* accorde à ces victimes quelques lignes de publicité.

A Calais, les grévistes vivent dans une ville riche où les ressources sont nombreuses.

A Montceau, les malheureux tombés dans le chômage crèvent la faim en plein hiver.

— Vive l'Unité socialiste ! écrit chaque jour M. Jaurès.

2 fév. 1901.

Les brigandages continuent. — La soupe n'est pas servie.

Forts de l'impunité dont ils jouissent, les « chauffeurs » de Montceau se livrent à toutes sortes d'exactions. Ils se sont présentés, avant-hier, à la ferme de Gourdon, tenue par M. Pichon, en prétextant une demande de secours,

Mme Pichon étant seule refusa ; mais les visiteurs ne se tinrent pas pour battus.

— Si-vous ne voulez rien nous donner, on va prendre, dirent-ils.

Et force fut à Mme Pichon de s'exécuter.

On vole beaucoup de charbon.

La soupe socialiste n'est pas encore servie. Ce n'est qu'un projet dont il a été parlé lors d'une des récentes réunions du syndicat n° 1.

On se heurte à des difficultés matérielles. Bon nombre d'ouvriers préféraient à cette aumône le salaire de leur travail.

3 fév. 1901.

Incidents graves. — Un sermon de M. Antide Boyer.

La ville de Montceau-les-Mines est à la veille d'une guerre civile.

Dans la nuit de dimanche à lundi, des grévistes et des non-grévistes se prennent de querelle. Un nommé M... tire des coups de revolver.

On lui laisse le temps de s'enfuir. Mais l'adjoint Goujon, socialiste farouche, qui connaissait l'homme pour ne pas être de ses amis, a fait fouiller l'immeuble où il se cachait. Protestation du propriétaire. L'adjoint passe outre. L'homme est arrêté.

Cette nuit de dimanche à lundi fut d'ailleurs fertile en incidents significatifs. Au puits Jules-Chagot, les chauffeurs préposés aux pompes d'épuisement sont assaillis par une douzaine de grévistes. Un des chauffeurs prévient le poste militaire. Les soldats, que les journaux églantinards disent tout acquis à la « sainte » cause, se mettent activement à la poursuite des agresseurs, mais ils ne réussissent pas à les atteindre.

Un peu plus tard, au puits Sainte-Marie, un groupe de grévistes arrache les rails du Decauville de la mine.

Au même moment, auprès des compresseurs, deux ouvriers qui apportent du secours à un de leur camarade souffrant sont arrêtés par une bande d'une vingtaine d'individus. Ils crient « A la garde ! » La troupe arrive et commence, une fois de plus, une chasse qui n'aboutit pas.

Nous allons, c'est visible, tout doucement
vers la réalisation de ces « incidents graves »
que réclame le Congrès de Chalon pour justifier
une grève générale. Déjà les ouvriers et ouvrières de l'usine de ferblanterie Juillet, de Chalon,
ont déserté le travail hier matin.

Pour exploiter le mouvement, les socialistes
de Montceau vont partir en nombre à Perrecy-
les-Forges, pour tenter de débaucher les ouvriers
de cette importante région industrielle.

La charité, s. v. p.

M. Antide Boyer ne brille pas par une éloquence aussi fougueuse que les orateurs habi-
tuels de la grève. Il court au plus pressé.

— Tout le monde meurt de faim ici, s'est-il
écrié... Allons ! vous tous qui m'écoutez, hâtez-
vous d'envoyer au syndicat des pommes de terre,
du pain et du lard... Le besoin s'en fait sentir.

Or, comme c'est justement aux affamés qu'il
tient ce discours, les malheureux grévistes n'ont

rien compris à ces paroles aussi creuses que leur estomac.

Seul un voyageur de commerce de passage à Montceau, navré de l'état de dénuement des progénitures grévistes, va faire expédier au siège du syndicat deux cent quarante paires de sabots pour enfants.

A côté de cette aide matérielle, les grévistes viennent de recevoir un reconfort moral.

Le conseil municipal de Lille — dont le socialisme ne fait doute pour personne — a émis un vœu demandant le retrait des troupes du territoire de Montceau-les-Mines.

Que les anarchistes commencent !

4-5 février 1901.

La police du citoyen Bouveri.

Qui s'en doutait ? Il y a, paraît-il, une police municipale à Montceau-les-Mines. Elle est, cela va sans dire, toute dévouée aux maires socialistes et à ses adjoints idem.

Tant que les « jaunes » se laissaient assommer, M. Estable, le commissaire de cette étonnante police, riait sous cape et consacrait tous ses loisirs à d'interminables parties de manille. Parfois on voyait ce petit homme se promener avec M. Bouveri qui caressait, en badinant, les pointes de ses longues moustaches.

Les « jaunes » recevaient des lettres de menaces signées : *le comité de la mort*. M. Estable demeurait coi. Les « jaunes » étaient jetés dans le canal, M. Estable ne bronchait pas. Mais voilà que, l'autre nuit, un ouvrier de la Compagnie nommé Martin se risque au service du gaz. Une bande armée de gourdins l'arrête. Ce « jaune », étant alors en état de très légitime défense, tira son revolver et fait feu dans la nuit. Il n'atteint personne, et, pour se mettre à l'abri des agresseurs, il s'enfuit chez un de ses amis. Or, comme il était connu, que l'agression dont il était victime était préméditée, qu'a fait M. Estable ? Vous croyez qu'il a pris la défense de l'attaqué contre les agresseurs ? Vous connaissez mal la police de M. Bouveri.

L'infortuné Martin était un « jaune ». Il était coupable d'avoir défendu sa vie contre une bande de « rouges ». Du coup, M. Estable est sorti de son obscurité. On l'ignorait ; il s'est fait connaître. Accompagné de M. Goujon, l'adjoint socialiste qui prend chaque jour la tête des manifestations grévistes, d'un agent, *sans gendarmes*, flanqué de cette force policière recrutée par lui, M. Estable est allé faire une visite domiciliaire dans la maison où s'était réfugié Martin. Le malheureux « jaune » était dans les combles.

— Descendez, lui dit le commissaire Estable.

— Mais, si je descends, c'est ma mort ! On veut me tuer.

— Non ! proteste le magistrat.

Et, pendant ce dialogue, une cinquantaine de « rouges » tiraient des coups de revolver dans les fenêtres de la maison ; une balle est tombée sur un lit.

Martin descend, enfin ! Estable l'attend, les « rouges » aussi. Il n'avait pas fait un pas

8

dehors que cette foule vociférante l'assomme à moitié.

Sous prétexte de le soustraire aux fureurs des « rouges », M. Estable met son prisonnier dans une cave de l'hôtel de ville. Il faut croire que le commissaire de police n'a pas été discret, car Martin était à peine dans cet in-pace que les « rouges » lui jetaient des ordures et des pierres par le soupirail.

Martin est maintenant à l'hôpital, avec un œil tuméfié qu'il risque de perdre. Il est considéré comme prisonnier et le procureur de la République, M. Canac, l'a interrogé comme tel.

Il saura plus tard, c'est certain, ce qu'il en coûte à un ouvrier de ne pas se laisser assassiner par les *chevaliers de la trique* que la tolérance administrative laisse rôder la nuit dans les rues de Montceau-les-Mines.

Il est présumable, pourtant, que, si le préfet donnait des instructions aux gendarmes pour veiller à l'ordre dans les rues, les patrouilles rouges cesseraient leurs rondes. Martin, n'ayant pas été attaqué, n'aurait pas eu à se défendre ; et ce drame, avant-coureur d'autres tragédies, n'aurait pas eu lieu.

Que signifie alors ce communiqué officiel paru le lendemain du départ du capitaine Michelin :

Le commandant Azaïs est installé à Montceau-les-Mines, où il est chargé de la direction des forces de police.

Vainement on objectera l'impuissance de la police municipale. Cette impuissance est si bien connue en haut lieu que, toutes les fois que M. Waldeck-Rousseau se déplace, il emmène sa police particulière. M. Hennion se substitue alors au commissaire de police en fonctions.

A Montceau-les-Mines, M. le commandant Azaïs est substitué au fonctionnaire qui dirige la police municipale. Il a près de cinq cents gendarmes pour faire exécuter ses décisions et respecter la loi.

Et M. Estable peut livrer impunément une proie aux « rouges » qui veulent du sang.

Cette inertie dans le commandement nous

réserve des jours terribles. Nous les avions pré-
vus. Nous y voilà !

M. Antide Boyer, qui ne pouvait partir sans
faire une promesse aux grévistes, leur a promis
de demander, dès son retour .à Paris, une
audience au ministre de l'intérieur.

M. Antide Boyer leur a donné l'assurance
que M. Waldeck-Rousseau leur enverrait quelque chose.

...Du pain ou du plomb ?
6 février 1901.

Nouveaux incidents. — Curieuse vision de M. Antide Boyer.

Deux nouveaux incidents. C'est désormais
le cours normal des choses à Montceau-les-
Mines.

Louis Alévêque a été assommé. Le logis
d'Antoine Gain a été mis à sac.

Ces exactions font-elles partie des « libertés »
de la grève, que l'autorité ne fait rien pour les
prévenir ?

Parlons-en de la liberté telle qu'on en jouit à Montceau-les-Mines ! Mais il paraît que tous ces méfaits sont des romans et des contes. Il paraît que cette malheureuse ville qui, pour la grande majorité de ses habitants, est un véritable enfer, possède pourtant un coin paisible et paradisiaque.

Cette oasis que nous ne soupçonnions pas a été découverte par le citoyen Antide Boyer.

Le député des Bouches-du-Rhône a rendu compte de sa chevauchée à Montceau.

« La grève, a-t-il déclaré devant le groupe « socialiste parlementaire, a été voulue par la « Compagnie. Elle la désirait pour désagréger « la majorité républicaine qui, en 1900, a chassé « les réactionnaires de la mairie de Montceau...

« *Hauts employés des mines, fonctionnaires,* « *commissaires, officiers festoient ensemble dans* « *un hôtel dont les attaches avec la Compagnie* « *sont connues.* »

Voici la vérité : Les repas n'y sont pas des festins. Les convives, officiers en majorité, aimeraient beaucoup mieux être à leur foyer,

8.

dans leur garnison. Ils viennent à l'hôtel seulement à l'heure du mess. Beaucoup parmi eux mangent aux cantonnements et couchent sur la paille.

— Notre situation est très *terre-à-terre*, disait plaisamment l'un deux devant moi ; nous couchons à dix centimètres du sol.

M. Antide Boyer a vu rose. On n'est pas du Midi pour rien.

M. Antide Boyer, après avoir ainsi déroulé sa petite fiction devant ses pairs, a rédigé, pour M. Waldeck-Rousseau, une longue lettre où il dit :

« Des gendarmes insultent les ouvriers dans « les rues. Cependant, préfet, général, procureur « de la République, juge d'instruction, officiers « de l'armée et de la gendarmerie, ingénieur « en chef des mines, commissaire spécial, sont « tous réunis à l'hôtel Semet-David, établisse- « ment connu par ses attaches avec la Com- « pagnie. »

J'ai vu souvent des gendarmes bafoués par des grévistes. On leur a, devant moi, passé sous le nez un balai sali de boue. M. Antide Boyer, venu là entre deux trains, a vu tout le contraire.

Et c'est à lui que M. Waldeck-Rousseau demande des renseignements !

7 fév. 1901.

Bouveri résiste.

M. Maxence Roldes, qui se hiératise dans le rôle de prédicateur de la triste croisade de Montceau, a prononcé hier une parole prophétique.

Son auditoire habituel était réuni sur la place de la Grève.

— Les envoyés du gouvernement, a-t-il dit, peuvent venir vous prêcher le calme ; ça n'empêchera pas la révolution sociale d'entrer à grands pas...

Ces paroles ne surprendront personne. Tout le monde sait que M. Maxence Roldes est un fauteur de révolution.

Mais MM. Waldeck-Rousseau et Millerand,

qu'une révolution gênerait d'étrange sorte, ne l'entendent pas ainsi. Ils veulent bien d'un état révolutionnaire ; ils ne veulent pas d'une révolution.

Au temps des grèves du Creusot, quand M. Maxence Roldes agissait pour le compte de la *Petite République*, M. Millerand avait prise sur l'agitateur. A la veille de l'ouverture de l'Exposition, Maxence Roldes avait imaginé cet exode vers Paris de Creusotins et Creusotines qui fit grand bruit. Cette mascarade ne faisait pas l'affaire du cabinet. M. Millerand envoya donc deux intimes vers Maxence Roldes pour le ramener à la raison, et l'agitateur ne put qu'obéir à ses maîtres d'alors. Depuis, c'est pour un autre journal qu'opère Maxence Roldes. Il est donc libre d'agiter, de troubler, de désorganiser. M. Millerand ne peut plus rien contre lui.

D'autre part, il est nécessaire que le gouvernement affirme son existence. Il y a à Montceau-les-Mines d'autres intérêts que ceux des anarchistes et des intellectuels. M. Waldeck-

Rousseau, pour se faire valoir auprès de la population honnête et éprise de paix, a donc intimé
l'ordre — par télégraphe — à son préfet de
redoubler de surveillance.

— Nous ne voulons plus de manifestations !
disait en substance la dépêche officielle.

Je vois d'ici la stupéfaction de M. le préfet.
Depuis dix-sept jours, à sa barbe, les manifestations succédaient aux manifestations, les agressions aux agressions. Ces divers délits avaient
fait boule de neige. Et voilà que, tout à coup,
le ministre lui signifie d'arrêter tout ça ! Il faut se
rendre compte de l'effet produit par cette dépêche, avoir vu le bon préfet ne quittant pas l'hôtel, toujours chaussé de pantoufles douillettes,
toujours coiffé d'une calotte grecque, pâle,
attristé, silencieux, errant comme une ombre
dans les longs couloirs. Un véritable personnage
d'Ibsen !

Que faire de l'ordre ministériel ? Il n'y avait
qu'à le faire exécuter ! C'était facile avec les
forces de police réunies sous le commandement
de M. le commandant de gendarmerie Azaïs.

Or, M. le préfet, qui craint tout et n'a pas d'autre crainte, alla tranquillement prévenir M. le maire socialiste Bouveri.

Ledit maire a répondu dans un sourire :

— Les manifestations ? Je ne puis pas les supprimer, puisque je les dirige.

8-10 fév. 1901.

On attend des revolvers.

Le citoyen Maxence Roldes a son petit projet. C'est, à l'entendre dire, un grand plan de défense — ou d'attaque, qui sait ? — Ce plan a été exposé aux grévistes dans quatre réunions successives qui ont eu lieu à la salle Pezérat.

Rien n'en a transpiré que ces paroles de M. Roldes :

— Hardi les gars de Montceau ! En avant pour la sociale !

Il ne serait pas extraordinaire, d'ailleurs, que ce plan fût intimement lié à certaine enquête poursuivie par la Sûreté à Saint-Etienne.

Le service de la Sûreté a été avisé qu'une

commande de revolvers avait été faite dans cette ville. Cette commande devait être livrée à Montceau-les-Mines.

Il y a donc des gens qui n'ont pas de revolvers dans cette triste cité ?

11 fév. 1901.

La réponse de M. Waldeck-Rousseau.

Le ministre de l'intérieur vient d'aviser le citoyen Antide Boyer, député socialiste de Marseille, qu'il répondrait à sa demande d'interpellation *après une enquête faite à Montceau sur les agissements des militaires et des fonctionnaires.*

On sait qu'employés et soldats de la République ont fermé les oreilles et les yeux sur les délits commis par des bandes armées. Les gens sérieux pourraient croire que l'interpellateur demande au ministre compte de cet oubli des lois. C'est tout le contraire ! M. Waldeck-Rousseau va faire vérifier les assertions du député socialiste. Or, on sait qu'elles se réduisent à ces deux choses principales : le général a été à la messe, et officiers et fonctionnaires, n'ayant pas de domicile à Montceau, logent à l'hôtel.

Le serment de la citoyenne.

Les femmes des socialistes songent au pillage. L'une d'elles a même fait un discours en ce sens. C'est la citoyenne Desbrosses. Cette dame est secrétaire générale de la Société des femmes socialistes. Son discours n'a pas été long. Il a été net.

— Le jour de la grande bataille, a-t-elle déclaré, les femmes de Montceau seront à l'avant-garde de l'armée prolétarienne !

Menées révolutionnaires.

En dépit de l'optimisme de quelques-uns, la situation ne s'améliore pas. Il y a des menées révolutionnaires... sourdes, mais il y en a. Savourez ce petit avis qu'on a collé sur les maisons :

« Camarades !

« Le moment est venu de se venger de la
« classe capitaliste et cléricale. Révoltons-nous !

« Dans toutes les révolutions le sang a été
« versé, mais il vaut mieux mourir en combat-
« tant que de vivre dans la servitude ! »

M. de Montbrun a écrit cette lettre :

12 février 1901.

« Monsieur,

« Le *Temps* du dimanche 10 février publie,
« sous la rubrique « Les grèves », un article
« me concernant, contre lequel je crois devoir
« protester.

« Il est parfaitement exact, ainsi que plu-
« sieurs journaux l'ont annoncé, que, du 24 jan-
« vier au 1er février, ma propriété d'Ezcrots a
« été envahie, à plusieurs reprises, par des
« bandes de grévistes de Montceau-les-Mines en
« armes qui ont chassé et répondu à la légitime
« résistance de mes gardes par des injures et
« des menaces de mort.

9

« J'ignore si, comme vous le dites, une
« enquête a été faite à ce sujet par la gendar-
« merie ; mais, en tout cas, elle a été d'une sin-
« gulière discrétion, car, jusqu'à hier 11 février,
« ni mes gardes, ni les témoins ayant pu assis-
« ter aux faits délictueux n'ont été interrogés
« et il y a près de deux mois qu'un gendarme
« n'a paru sur ma terre.

« Je compte sur votre courtoisie pour insérer
« cette rectification.

« Agréez, monsieur, l'assurance de ma con-
« sidération la plus distinguée, »

                          Baron de Montbrun.

12 février 1901.

Déjeante contre Antide Boyer.

Le citoyen Dejeante, qui n'hésite pas à négli-
ger ses électeurs parisiens pour inspecter la
grève noire, est depuis plusieurs jours à Montceau.

Il constate l'union des grévistes, il donne des
ordres au préfet et tente une nouvelle démarche

de conciliation entre le syndicat et la Compagnie.

Le citoyen Dejeante passe ses journées à inspecter les puits. Et les constatations qui résultent de ses visites contredisent en tous points celles de son collègue socialiste Antide Boyer.

Plus heureux que son collègue Boyer, le citoyen Dejeante aura vu la première distribution de soupes socialistes.

Comme prélude à ces agapes fraternelles, les grévistes ont organisé, dimanche dernier, un bal en plein air.

13 février 1901.

La prière aux bons citoyens.

Depuis l'agression dont a été victime un porteur de dépêches, le citoyen maire Bouveri s'est dit qu'il y avait maldonne. Aussi a-t-il, depuis lors, délivré aux petits télégraphistes des sauf-conduits ainsi libellés :

« Prière à tous les bons citoyens de laisser

« circuler librement le nommé Un Tel, facteur
« des postes et télégraphes.

> « Montceau, le...

> > « Signé : BOUVERI ».

(ici le cachet de la mairie).

Dans ce pays que certains prétendent si calme
et si paisible, la liberté, on le voit, souffre de
singulières entraves.

14 février 1901.

La soupe populaire, les patrouilles et les
agressions continuent.
15-24 février 1901.

L'humanité des jaunes.

— Les « jaunes » du syndicat des corporations ouvrières ont adressé un appel aux bons
Français.

Il y a été répondu par un magnifique élan de
solidarité, non seulement parmi les journaux,

mais parmi les syndicats limitrophes et ceux des autres départements.

Le syndicat des corporations ouvrières entend d'aillleurs mettre en pratique cette vertu dont les socialistes parlent tout le temps et qu'ils n'appliquent jamais : la solidarité. Les « jaunes » se sont dit qu'avec l'argent des bons Français, il fallait secourir les bons Français, sans distinctions d'aucune sorte.

— Il y a ici, me dit M. Burtin président du syndicat, des pères de famille qui ne sont pas syndiqués. Ils ne vont pas vers les rouges, parce que les socialistes ne donnent pas une cuillerée de soupe sans qu'on s'inscrive à leur syndicat... Ils ne viennent pas vers nous... Mais c'est nous qui allons vers eux... Nous n'exigeons pas qu'ils grossissent notre légion : nous les invitons simplement à signer une demande pour la reprise du travail. Je dois même dire que le plus grand nombre d'entre eux nous ont donné spontanément leur signature. — Est-ce une raison parce qu'ils ne sont d'aucun syndicat pour qu'ils crèvent de faim ?

Cela va susciter, c'est certain, la colère socialiste. Les chambardeurs du collectivisme, si individualistes pour la plupart, ne manqueront pas de crier à l'enrôlement, à l'embauchage, à la corruption, etc., etc.

Le syndicat des corporations ouvrières de Montceau-les-Mines n'est pas seul de son avis.

Il suffit de jeter un coup d'œil sur les lettres qui parviennent à ces braves gens, et des lettres non pas écrites par d'*infâmes bourgeois*, mais dont les signataires sont des ouvriers, de ces *abjects* ouvriers que stigmatise le vicomte Francis de Pressensé...

Celle-ci, par exemple, qui émane du syndicat des métallurgistes de Montbéliard, avec, en exergue, cette devise significative : *Pour la protection du travail*

Elle dit, cette lettre :

« ..... Grande part aux souffrances que vous
« éprouvez pour la paix, la liberté du travail et
« de conscience..... Nous aussi, nous avons à
« lutter pour la paix, le travail et la liberté ».

Il en est venu des chambres syndicales des

ouvriers mineurs de **Fumay**, de **Montchanin**, de **Perrecy**, de **Masenay**, etc., etc.

Il en est venu de mineurs qui rappellent, tout en joignant leur obole à celle des chambres syndicales, les luttes soutenues pour la liberté du travail et les luttes à soutenir.

D'autres racontent les chevauchées de militants socialistes :

« Ah ! nous avons eu, nous aussi, ce fumiste
« de... Il a tenu le travail arrêté pendant un
« mois ici... Mais ce sinistre individu ne règnera
« plus parmi nous... »

Elle est toute dans ces quelques mots, la pensée ouvrière, la pensée des laborieux qui veulent s'affranchir du joug socialiste...

Au début de ce mouvement de protection, les « jaunes » reçurent, on s'en souvient, un chèque de mille francs envoyé par un sénateur anonyme.

La cause des bons ouvriers n'exige pas que cet anonymat se prolonge plus longtemps.

Le sénateur qui fut, dans cette voie bien fran-

çaise, un précurseur brillamment suivi, c'est
M. Albert Parissot.

D'ailleurs, M. Albert Parissot a joint à ce
don quelques conseils qui méritent une large
publicité :

« Le principe de grève, écrivait-il, est faussé
« depuis longtemps. Il devient un instrument
« entre les mains d'hommes politiques qui ne
« sèment que la division. L'union entre les
« ouvriers et les patrons ne peut que profiter à
« tous : *la lutte entre eux ruine le travail*
« *national au profit de l'étranger.* Il faut rame-
« ner la grève à sa vérité : défense loyale et
« pacifique des intérêts ouvriers. Liberté pour
tous. »

ALBERT PARISSOT

Liberté pour tous ! Voilà une formule qui ne
cadre guère avec les idées émises journellement
ici par les ténors socialistes. Eux veulent la
liberté, toutes les libertés, et ne laissent aux
autres que la famine et les coups de trique.

25 février 1901.

Aménités.

— Les feuilles socialistes relèvent avec une indignation feinte le libellé de certaines souscriptions en faveur des « jaunes ».

J'ai relevé celui-ci sur une liste publiée par le compagnon Journoud, le barnum des duettistes Guesde-Lafargue :

Pour achat de poudre insecticide afin de faire crever Schneider et ses jaunes. 0 50

26 février 1901

LE TRAVAIL PEUT REPRENDRE

Il faut bien reconnaître que le but poursuivi par les « jaunes » est surtout d'arriver le plus vite possible à une reprise partielle du travail.

Peu préoccupé de politique, assez indifférents, en somme, aux manœuvres des partis qui s'agitent autour d'eux, les jaunes acceptent l'aide

9.

des bons Français de France, de ceux qui croient encore que le travail et l'effort productif sont la meilleure sauvegarde d'une nation.

Que font les socialistes ? Ils disent : « Les pourparlers sont rompus, il y a de la soupe à la Carmagnole, mangeons-la et dansons ! »

Que font les ouvriers sans étiquette politique, les « jaunes » ? Ils reçoivent des secours, mais ils songent à travailler.

Je me trouvais de bon matin parmi eux dans ce petit bureau syndical aux portes bardées de fer — ô liberté ! — Le public était très nombreux. Purier, le trésorier, dépouillait la correspondance, une correspondance à surprises. Les lettres chargées étaient là, somptueuses dans leur décor de cachets rouges. Il ouvre une lettre. Elle est de M. Anonyme. Ce M. Anonyme est très riche. Il écrit souvent et donne de même. Cette fois, sa lettre est anonyme sans l'être. Voici le contenu : *Cinq mille francs* de la part d'un ingénieur de Saône-et-Loire. J'ose le dire, « les jaunes » auront près de cent mille francs avant la fin de la semaine.

Mais des gars arrivent. L'un deux :

— On a dit que vous embauchiez pour le Creusot ?

— Nous embauchons, non ! mais nous pouvons vous faire partir.

— Comment ! dis-je, le Creusot ?

— Oui ! me répond le citoyen Monamy, un bon et beau gars comme le Creusot a besoin de mineurs pour quelques jours, plusieurs des nôtres sont partis... Trente-cinq ce matin. Les socialistes vont encore dire que nous sommes des fainéants, mais voilà qui leur prouvera le contraire. Puis, ces bras occupés allègeront notre budget de secours de ce côté. Les secours que nous donnions à ceux-là seront donnés à d'autres.

De cet exemple, on ne peut déduire qu'une chose, c'est que les membres du syndicat n° 2 veulent travailler.

Vainement, on objectera que les puits ne sont pas en état. Le puits Sainte-Eugénie est tout prêt à fonctionner. Pour commencer on y pourrait employer 200 mineurs. Ils pourraient extraire 100 tonnes de charbon par jour.

Cette reprise aurait aussi pour résultat — appréciable celui-là — de ramener la confiance dans la contrée: Beaucoup d'ouvriers qui suivent les rouges par peur et par habitude reviendraient à la mine, sous les auspices de camarades pour lesquels la politique n'existe pas. On a vite fait de dire et d'écrire : cette grève est politique. Oui ! elle a l'apparence politique par le seul fait de ces meneurs, phraseurs et orateurs. Mais la majorité de ceux qui marchent à la suite n'ont pas d'idée politique. Il suffit de les voir séparément, de leur parler de la grève, des événements actuels, du passé, du présent si troublé, de l'avenir si incertain pour être immédiatement renseigné sur la valeur du mouvement auquel ils s'associent.

Hier, à l'issue de cette manifestation quasi-quotidienne, je fis la rencontre d'un « rouge ». Il avait son petit insigne et son grand bâton. Nous marchions tous les deux dans le chemin qui longe la voie ferrée.

— Alors, à quand la reprise du travail ?

— Y sait pas !

— Vous ne voulez pas, vous ?

— Si, mais y a le syndicat. Faut qu'y triomphe !

— Alors vous êtes socialiste collectiviste. Vous êtes pour l'association ou l'entente internationale des travailleurs et la mise en commun des moyens de production, la socialisation du sol.

— Y sait pas ! me dit-il dans un gros rire.

Ce rouge ne comprenait pas la théorie rouge. Je lui en dis quelques mots. Après quoi il me répondit :

— Tout ça, c'est des blagues de députés ! Tout ce que nous voulons, nous, c'est que ça change.

— Quoi ?

— Les affaires !

— Lesquelles ?

— La grève ! nous n'en voulons pas.

— Elle est votée.

— Pas par nous !

L'insenséisme de ce dialogue caractérise la situation. La grève, en effet, a été décidée par quelques individus. Le syndicat rouge n'en voulait pas. Un comité de grève a été élu. La grève

s'est faite on ne savait pas pourquoi. Les grévistes eux-mêmes ne le savaient pas le 21 janvier
en décrétant l'abandon du travail. Ce n'est que
vers le 4 février, en allant en conciliation chez
le juge de paix, que la fameuse revendication
de 0 fr. 25 centimes par jour a pris naissance.

Il était temps ! la grève n'aurait pas vécu sans
sujet.

Depuis, le comité de grève est dissous. Le
syndicat définitivement gagné à la cause révolutionnaire tient le haut du pavé.

C'est le perpétuel gâchis, la révolution qui
mijote au fond des marmites carmagnolesques.

Hier, sur la place de la grève, un orateur
socialiste a émis ce beau projet :

— Si j'étais le gouvernement, a-t-il dit...
si j'étais à la place de Waldeck-Rousseau, je
monterais une guillotine dans chaque ville
socialiste. Et je ferais leur affaire aux bourgeois... Pour moi quand on voudra, j'ai toujours deux balles de revolver pour le ch'ti
Coste !

Marat n'était rien auprès de celui-ci. Marat

écrivait ces choses-là à une époque où peu de
monde savait lire. Aujourd'hui où tout le monde
écoute, ces paroles sont impunément prononcées
en plein air.

C'est cet assemblage de misère, d'angoisses,
de crainte, de colère, de mauvais désirs qui fait
que la situation est inquiétante ici. Elle mérite
d'être patiemment observée. C'est un conflit qui
intéresse maintenant la France entière. L'argent
afflue, c'est bien. Ceux qui avaient faim vont
manger. Mais quelle puissance au monde pourra
refaire un cerveau à ces hommes égarés?

25 février.

VERS LA LIBERTÉ

Dernières chansons.

Il y a évidemment quelque chose dans l'air.
Voici une belle après-midi. Le soleil est chaud,
le ciel bleu, le temps clair. La manifestation,

toujours énorme, suit la musique et les quatre
marmitons coiffés de calottes en papier blanc.

Cette fanfare joue un pas redoublé. Elle
tourne au coin du quai, évite l'hôtel Semet.
Bientôt la musique se tait. Un sourd roulement
de tambour lui succède. C'est tout. Alors la
longue et interminable file des manifestants suit
en silence. Où sont les refrains révolutionnaires
de ces jours passés ? Et la *Carmagnole* ? Et
l'*Internationale* ? Plus rien.

Rien qu'une bande de fillettes joyeuses, qui
frédonnent un refrain bachique. Cette unique
roucoulade dans ce noir cortège fait ressortir
davantage le triste silence de ces milliers d'hommes et de femmes. Mais les vieilles, ces pauvres
vieilles qui suivent clopin-clopant le cortège,
ignorantes et indifférentes, que pensent-elles ?
Et leurs voisines, femmes sérieuses, dont le
front garde un pli soucieux, n'ont-elles pas de
singulières réflexions ? Les hommes aussi ont
l'aspect songeur.

Ils suivent !... Oui, on peut le dire : ils suivent ! Au début, quand j'assistais aux premières

manifestations, tous, ils semblaient conduire un cortège idéal. La tête levée, les yeux fixes, ils marchaient ! Aujourd'hui, ils n'ont pas la tête basse, non ! Mais le pas est lent, la démarche est lente, ils sont remorqués ! Il suffirait, je vous le dis, d'une parole courageuse, dite bien haut, pour que la grande, la très grande majorité secouât le joug sous lequel ils vivent. Déjà, parmi eux, il en est qui ruminent les paroles du maire, les pèsent, les réfutent. Bouveri, du balcon de son hôtel de ville qui maintenant lui sert de tribune, disait à la réunion :

— C'est la mine qui a voulu la grève !

Cette parole menteuse n'a pas été perdue. Un rouge, — oui, un rouge ! — s'est immédiatement écrié :

— Mais, au début, vous disiez que nous n'avions pas raison de faire la grève.

On a applaudi, le maire, le rouge aussi. Ceci prouve que dans cette masse ouvrière on commence à réfléchir sur la situation. On considère le mal fait. Puis il y a une chose qui est plus forte que tout ce qu'on peut dire et écrire. Oui !

les faits sont là qui démontrent aux milliers de
syndiqués rouges que les meneurs les mènent à
la ruine.

Leurs mensonges successifs apparaissent
clairement, même aux esprits les plus obscurs.

Antide Boyer avait promis que M. Waldeck-
Rousseau enverrait des secours.

Il n'est venu que de nouveaux gendarmes.

Roldes et Bouveri avaient promis la grève
générale des mineurs français.

La fédération nationale n'en a accepté que le
principe, voté d'ailleurs depuis longtemps.

Roldes et Bouveri avaient promis toute liberté
aux grévistes pour l'extraction libre du charbon, ce qui constituait un délit et un danger.

Bouveri, par lettre, a défendu cette pratique.

Bouveri leur avait promis que des députés et
des orateurs réputés du parti socialiste se succé-
deraient parmi eux — comme à Calais. — Il
avait écrit en ce sens au comité général. Le
comité général n'a pas répondu. Jaurès est
enroué... pour de longs mois.

Guesde et Lafargue avaient promis 2.000

francs par jour, versés par les travailleurs français. Les travailleurs français ont autre chose à faire que d'aider une grève sans objet.

De désillusion en désillusion, les grévistes de Montceau commencent à se rendre compte qu'ils sont lancés dans une aventure dangereuse.

La soupe populaire, c'est bien ; mais ce n'est pas tout. Là encore il y a des désillusions. En voici une qui est de taille.

Deux cuisiniers ont été révoqués par le comité de la grève. On leur a repris leur calotte blanche. Ces deux valets de la sociale avaient eu l'imprudence de mettre dans la poche de leur pantalon *treize* portions de viande.

Et dire qu'on accuse les socialistes de n'être pas prévoyants !

26 février.

L'œuvre des jaunes.

Elle marche bien, très bien. Chaque jour de nouveaux rouges viennent se faire inscrire. Je dois même dire, moi qui assiste parfois à ces scènes, à ces retrouvailles, que ces ex-rouges ne quittent pas le syndicat n° 1 sans déclarer que cela soulage leur conscience.

Je n'insiste pas une fois de plus sur le caractère particulièrement touchant de ces distributions de secours.

26 février

Désir ministériel

Le projet de reprise partielle du travail n'est pas autre chose qu'un désir de M. Waldeck-Rousseau.

Le président du conseil voudrait, pour répondre à l'interpellation Boyer en toute assurance de victoire, qu'une sérieuse détente se soit produite ici. Or, la reprise partielle du travail serait une sérieuse détente. Mais la Compagnie ne veut pas traiter avec les jaunes et les rouges ne veulent pas céder. La solution ne sera possible que le jour où la majorité des rouges seront passés chez les jaunes.

Cette volte-face n'est pas si impossible et si loin d'être accomplie qu'on pourrait le croire. Quoi qu'on dise et quoi qu'on fasse, l'ouvrier de Montceau est surtout individualiste. Il se syndique par intérêt. Mais il tient à son indépendance *matérielle*. Or, entre une assiette de soupe populaire qui l'astreint à des exercices, à des promenades et une petite somme d'argent qui lui assure cette soupe chez lui, il aura vite fait de choisir.

Les rouges, *quand ils sauront*, iront vers les jaunes, parce que chez eux, on est libre, aimé, respecté.

— J'en ai assez, disait un rouge, d'être nourri comme des moutons à l'étable.

Celui-ci est brave. Il s'est crânement évadé du bétail socialiste.

27 février.

DESSOUS DE GRÈVE

Trucs de meneurs. — L'or étranger.

Les docteurs du socialisme vous diront :

« Tout est calme ! Ça va bien... attendons jusqu'au 15 mai ! »

Les apothicaires de l'indifférentisme vous diront : « On exagère... tout est calme... ça va très bien. »

Mais, même avec ce calme apparent, est-ce que la situation n'est pas anormale et dangereuse ? Suffit-il, pour rassurer l'opinion publique, de dire aux gens que la grève convalescente va mieux ? N'est-il point permis de porter plus profondément son diagnostic et de démêler les causes réelles d'une immobilisation ouvrière qui réduit en de notables proportions la production d'une région française ?

Ramenée à sa plus simple expression, la grève de Montceau-les-Mines se réduit à ceci : des milliers d'ouvriers ignorants de toute politique

suivant, faute de mieux, des orateurs socialistes.

Laissons donc de côté ces foules moutonnières,
étudions le but poursuivi par les meneurs, l'intérêt qui les fait agir et le parti plus ou moins
avantageux qu'ils tirent d'une situation créée,
entretenue par eux.

Maxence Roldes, agitateur professionnel, est
assez connu pour que nous ne perdions ni temps,
ni encre à refaire sa psychologie.

Bouveri, maire socialiste, guide ses mouvements sur ceux des socialistes qui, pour lui,
représentent une majorité électorale. Cette
majorité lui vaut, à la mairie, 2.400 francs par
an. Il est prisonnier de cette fragile majorité.

Desbrosses, ancien marguillier au Magny,
ambitieux, prédicateur rouge, trouve dans cette
agitation quelques bonnes œuvres à établir.

C'est lui qui, tout dernièrement, assisté de
Bouveri, daubait sur les petites sœurs des pauvres, gardes-malades.

— N'allez plus, disait-il, chez ces « bigotes »
qui vous ruinent. Nous venons de créer une

société de femmes gardes-malades socialistes. Elles vous soigneront mieux.

Mais ni le citoyen Bouveri, ni le citoyen Desbrosses n'ajoutaient que ces sœurs laïques étaient les femmes des principaux chefs de la grève actuelle. La citoyenne Desbrosses, qui lit en public les lettres qu'elle adresse aux citoyennes Paule Mink et Sorgue, est très écoutée. Quant à la citoyenne Chalot, elle dirige ces gardes-malades socialistes, dont la location est moins chère que celle des religieuses.

Le citoyen Chalot touche, lui, du syndicat, 150 francs par mois, plus 50 francs comme secrétaire de la fédération.

C'est donc en somme moins l'intérêt de la classe ouvrière que l'intérêt particulier qui fait demeurer sur la brèche ces militants de la sociale.

Le compagnon Casserole.

Un pied dans le socialisme, un pied dans l'anarchie, le compagnon Casserole est bien le plus extraordinaire des courtiers en révolution.

Son entrée dans la politique date des succès du député René Chauvin. Ancien garçon coiffeur, Casserole se sentit la vocation. Comment, étant ancien sous-officier à Auxonne, est-il devenu antimilitariste ? C'est son secret. Mais est-il si révolutionnaire que cela ? D'allures, non ! Marié, fort bien, coquettement logé à Chalon-sur-Saône, menant la simple et heureuse existence d'un bourgeois bourgeoisant. Il fait de la bicyclette et dirige un journal. Il est vrai que ce journal est bourré de conseils anarchistes. Il préconise l'emploi du revolver, la mort des bourgeois par le feu, par le fer. *Incendie et carnage*, telle paraît être sa devise. Mais personne n'est dupe de cette façade rouge : sous cet aspect furieux et révolté, le compagnon Casserole cache un esprit rusé. Il est si peu à craindre que la police chalonnaise le laisse manœuvrer en paix. Elle le regarde passer en souriant d'un sourire presque amical, comme s'il s'agissait d'une vieille connaissance.

C'est que sous cette défroque de révolté, le

compagnon Casserole est aimable, doux compère et bon compagnon. Il est liant, affectueux, enveloppant, hardi, loquace, tout comme un commis voyageur.

Le compagnon Casserole est même doublement de la partie. Il est commis voyageur en grève et commis voyageur en marchandises.

Comme voyageur en grève, il maintient, encourage le chômage des mineurs. La production s'arrête.

Comme voyageur de commerce — ah ! voilà le hic — comme voyageur de commerce, *il vend du charbon.*

Mais le malheur, le plus grand malheur du compagnon Casserole c'est qu'*il représente une maison qui débite spécialement du charbon allemand.*

Ainsi, comprenez la tactique : à Montceau, le compagnon Casserole maintient la grève et l'inaction. A Chalon, *Monsieur* Casserole offre de la houille allemande. C'est prouvé.

Alors, tout de même, devant de telles manigances nous sommes bien forcé de méditer sur ces trois lignes de l'envoyé spécial de la *Petite République* parlant des souscriptions rouges :

« Les souscriptions, dit-il, continuent d'affluer au syndicat rouge ; *il en vient maintenant de l'étranger, spécialement d'Autriche et d'Allemagne* ».

Ah ! qu'on ne vienne pas dire : « Voilà comment on écrit l'histoire ! »

L'histoire de la grève de Montceau ? mais elle s'écrit toute seule !

Et c'est pour le triomphe de tous ces intérêts particuliers que ces pauvres gens se contentent d'une écuelle de soupe.

1er mars.

LES MISÈRES D'UN RICHE PAYS

Budget d'une famille de mineurs.

Depuis le jour où j'avais entendu Bouveri dire : « Mieux vaut mourir de faim en combattant que de mourir de faim en travaillant », je m'étais bien promis d'étudier sur place les con-

ditions matérielles de l'existence d'une famille
de mineurs à Montceau-les-Mines.

C'est au foyer même d'une de ces familles
jaunes que je suis allé chercher des renseignements.

Intérieur modeste. Très bien tenu. Le chef
de la famille est là avec sa femme et ses deux
enfants.

Après les salutations d'usage, la gêne qui
résulte toujours d'une première entrevue, je fais
part à mon hôte du but de ma visite.

La femme sort discrètement. Une fois seuls :

— Oui, me dit l'homme, je vois ce que vous
voulez... Le logement d'abord... Pour cent ou
cent cinquante francs par an, on a une petite
maison comme celle-ci... avec deux ares de
terrain, qui, si on le cultive, vous fournissent
de légumes.

— Le vêtement ?

— Avec un complet de 45 francs par an,
autant pour la femme et les enfants... Vous
savez, on les habille avec les bons morceaux de
nos habits.

— La chaussure ?

— Moi et ma femme, chacun une paire de chaussures de 18 francs... 10 francs de sabots et 5 francs pour les gosses.

— La nourriture ?

— Ah !... le pain vaut ici 16 centimes la livre... Nous en consommons cinq livres par jour... le bœuf vaut cinquante centimes la livre... Je compte cinquante francs par an... Les pommes de terre... demi-tonneau... tonneau... c'est la mesure... 20 francs par an...

— Accessoires, épices, etc., etc ?

— Cinq sous par jour.

— Et le vin ?

— Autant.

— Bon... mais le chauffage ?

— C'est le moins cher, puisque la compagnie nous le donne.

— En charbon... mais le bois ? du bois ?

— Voilà comment on s'arrange : la compagnie nous change une voiture de bois contre une voiture de charbon, à notre gré.

— Parfait ! c'est tout ?

— Oh ! il y a bien encore le cabaret... Car tout le monde va au cabaret ici... Mais quand vous aurez compté 3 ou 4 francs par ménage et par mois en temps normal, c'est bien suffisant.

Et comme tous ces chiffres étaient un peu vagues, nous voilà, moi et ce brave homme aidé de ses livres de comptes, en train d'établir le budget annuel de son ménage.

Le voici :

Pour une famille composée d'un père, d'une mère et de deux enfants, l'un de cinq ans, l'autre de huit.

Loyer (l'exception).	150	»
Vêtement.	90	»
Linge	35	»
Chaussures	51	»
Viande.	50	»
Pain	292	»
Vin (l'exception).	132	50
Pommes de terre	20	»
Plaisirs divers	160	»
Total. . .	980	50

— Neuf cent quatre-vingt francs cinquante par an, dis-je, à mon interlocuteur.

— Ça doit être ça, me répliqua-t-il, car, quand le travail donne, nous mettons de côté quatre cents francs par an.

— Combien gagnez-vous donc ?

— Oh ! une moyenne de quinze à seize cents francs par an.

A ce propos, voici le tableau des salaires selon l'âge des ouvriers de Montceau-les-Mines.

Dès qu'il est en âge de descendre dans la mine, l'adolescent gagne 1 fr. 20 par jour ; à 15 ans, il gagne 1 fr. 50, à 20 ans de 2 fr. 50 à 4 fr., à 25 ans et au-dessus 4 fr. à 7 fr.

Les femmes gagnent de 1 fr. 40 à 2 fr. par jour.

La femme mariée qui travaille est une grande, très grande exception. Restent les deux exceptions que j'ai signalées plus haut concernant : 1° le loyer. Beaucoup de mineurs sont propriétaires, la mine leur ayant avancé la somme nécessaire pour faire construire, somme restituée par une retenue de 10 pour cent sur les

salaires. 2º Le vin: Beaucoup de mineurs ne
boivent que de l'eau. Ce n'est pas par économie,
c'est par habitude.

J'insiste sur ce budget. Est-il moyen ? Je ne le
crois pas. C'est un des plus lourds. Dans les
familles où le chef est un homme mûr, il y a des
fils qui apportent au foyer une part de recette
dont il faut tenir compte.

Il est aisé de conclure que la situation matérielle des ouvriers de Montceau ne peut pas être
une cause de grève.

Le budget d'un socialiste.

Certes ! si j'étais allé demander à un socialiste
le document ci-dessus, il est bien évident que le
chapitre des dépenses eût dépassé de beaucoup
celui des recettes.

Et c'eût été vrai. Seulement les articles vêtement et plaisirs y auraient absorbé la plus
grosse part du total. Et il faut reconnaître, dût-
on être traité de moraliste atrabilaire, que l'idée
socialiste, en entrant dans ces cerveaux popu-

laires, les affranchit de toutes règles d'économie,
de prudence, de prévoyance.

— La révolution est proche, leur disent les
meneurs. Le capital sera bientôt à votre merci.

Et l'endoctriné dépense tout ce qu'il gagne.
Quand sa poche est vide, il achète à crédit.
L'homme ne quitte pas le comptoir du débitant,
la femme ne quitte pas le comptoir du marchand de fanfreluches. Quant aux enfants, ma
foi ! je ne sais trop comment on les élève ici,
mais on en conduit très souvent au cimetière
sous le petit manteau rouge de la libre-pensée.

Ces pauvres gens auront un réveil terrible !

En attendant, il est bon de souligner leur
dernière désillusion. On parlait beaucoup chez
eux d'une grande conférence-meeting qui devait
être faite à Paris, au Tivoli-Waux-Hall. Jules
Guesde et Jean Jaurès, un instant réconciliés,
devaient prêcher pour les grévistes de Montceau.
Jules Guesde avait, paraît-il, répondu.

On connaît la réponse de Jaurès.

— J'ai un mal de larynx qui me tient muet
« *pour quelques mois* ».

Les socialistes de Montceau seront donc privés de cette parole *nutritive*, qui fit tant de bien naguère aux estomacs calaisiens.

4 mars.

La soupe continue. Les chevaliers de la trique patrouillent activement. Multiples agressions.

5-16 mars.

L'HEURE DÉCISIVE

La situation, pour être plus grave, apparaît enfin plus nette. Il est visible que ceux qui suivent Maxence Roldes et consorts ne peuvent plus se réclamer d'une grève juste — elle ne l'a jamais été — mais, enfin, telle qu'elle était, avec sa production tardive de revendications confuses, avec sa masse compacte de protestataires, on pouvait la suivre et en noter les étapes. Aujourd'hui, il faut bien en faire le douloureux

aveu, nous ne sommes plus en face de grévistes luttant pour une question vitale, non !...
nous sommes bel et bien en face d'une petite
armée révolutionnaire qui veut faire la révolution.

Pourquoi ? Pour qui ? Ils ne le savent pas,
mais ils la veulent. J'ai recueilli la pensée des
rouges venus s'installer au café des jaunes. C'est
stupéfiant ! Il y avait là un gars de Roanne, un
de ces gars actifs et décidés. Comme je discu-
tais avec lui de l'opportunité de la révolution,
il me répondit :

— Moi, je la veux la révolution, parce que je
suis une victime de la compagnie depuis 1886.
Et, si je veux la révolution, c'est que je sais
qu'elle peut réussir.

— Réussir ?... Voyez donc à Chalon ?

Alors le petit gars de Roanne — un libertaire
— fit de sa voix doucereuse : — Non, camarade, non ; à Chalon, ils n'ont pas fait le coup...
ils n'ont pas sû le faire... mais nous, nous sau-
rons !

Alors je voulus raisonner : — Bon ! vous

faites la révolution !... Vous cassez tout... vous
jetez tout par terre.

— Oui !

— Et alors ?

— Alors quoi ?

— Pour diriger la mine... les ingénieurs, les
mécaniciens ?

— Nous mettrons des hommes à nous !

— Sauront-ils ?

— Oui !

— Alors, c'est qu'ils seront plus forts que
vous... Or, ceux-là seront vos nouveaux maîtres.

— Nous les remplacerons par d'autres.

— Et si vous n'en trouvez pas ?

Cette fois, comme l'homme était embarrassé,
il se mit à me parler de ses voyages, de son beau-
frère et, en fin de compte, il me dit :

— Roldes fera comme Robespierre.

La réponse était curieuse. Pour la compléter,
je n'hésitai pas à faire un cours d'histoire aux
quatre lascars. Je n'omis rien. La lutte avec
Danton, sa mort, la réaction, Thermidor et
Robespierre se suicidant, se ratant et finale-

ment, marchant à la guillotine, la mâchoire fracassée et branlante, mal retenue par un mouchoir ensanglanté.

Quand j'eus terminé, les quatre « rouges » me regardèrent en souriant. Et leur sourire semblait dire :

— Cet homme-là nous conte des blagues.

11 mars.

Projets.

Il est bien probable dès à présent qu'une reprise partielle du travail aura lieu. Quand ? Nul ne le sait. Et comment se fera-t-elle ?

Parmi les ouvriers qui reprendront le travail, beaucoup habitent dans des hameaux éloignés de la mine, pour la plupart dans le voisinage de socialistes dont l'irréductibilité pousserait bien jusqu'à l'assommade.

Que fera le gouvernement ? Laissera-t-il assassiner sur les chemins solitaires ces ouvriers usant d'un droit reconnu si souvent à la tribune par M. Waldeck-Rousseau.

18 mars.

Une sonnerie de clairons emplit la place de la grève, une sonnerie brillamment soutenue par un roulement sec des tambours.

— Eh ! eh ! mais ce n'est pas la sonnerie habituelle des socios !

— Non ! c'est mieux...

Et l'on se précipite aux fenêtres... Sur la place de l'Hôtel-de-Ville, dans la rue Carnot, un régiment défile, clairons et tambours en tête, un régiment de ligne... un vrai régiment. Il passe à la place même où défilait, une heure avant, la troupe bariolée de rouge des socialistes.

Un brave boutiquier enthousiaste crie :

— Vive l'armée !

Son voisin réplique :

— Vive la France !

Ils ont raison tous les deux !

19 mars.

EST-CE LA FIN ?

Patrouilles de gendarmes, bataillons de fantassins, chasseurs, dragons, et les rouges qui

patrouillent aussi, une badine d'une main, un
parapluie de l'autre, sous une pluie battante,
dans la boue, battus par un vent froid, tout ça
forme un tableau mélancolique et désespérant.

Vrai, la mesure est comble ! Une lassitude
énorme se trahit. Il est visible que jaunes ou
rouges appellent de tous leurs vœux une reprise
du travail.

Au coin des rues, on voit, abrités, bien mal
d'ailleurs, contre les murs, de pauvres gars gre-
lottant sous l'averse. Certes, ils ont la cravate
rouge au cou ; mais ils n'ont pas dans les yeux
cette insolence, cette fierté rogue qui caractéri-
sent le terrible champion des revendications
ouvrières.

Ils ont, ces pauvres, évidemment, la tête perdue. Depuis deux longs mois, on leur assène
sur le crâne des phrases retentissantes. Ils les
ruminent, et, malgré leur bon voúloir, ils ne
parviennent pas à les digérer. On leur a parlé
de révolution, de collectivisme, de droits ouvriers, — toujours de droits, jamais de devoirs.
Et cependant eux, dans leur petite jugeotte, ils

savent, ils pensent qu'ils ont des devoirs. Et,
malgré la soupe populaire qui pourrait, au pis
aller, leur assurer la vie, ce qu'ils veulent, ce
qu'ils espèrent, c'est l'occupation de ces mains
depuis trop longtemps immobilisées dans leurs
poches.

Ah! si je racontais toutes ces conversations
prises par moi au bord des routes, au coin des
rues, toutes ces interwiews lamentables de gars
désorientés!

Est-ce la peine? Non! Les événements répondent pour tous. Il n'y a plus de manifestations
à Montceau-les-Mines.

Voici, tout net, le mot de la situation. Je l'ai
recueilli sous le porche de l'hôtel de ville.

Deux hommes étaient là, les épaules serrées.

— Eh bien, leur dis-je, il ne fait pas bon
dehors?

— Fichtre non! me répondit l'un d'eux, et il
ferait meilleur dans la mine!

Patience! proche est la rentrée.

Il n'est que temps d'ailleurs.

Nous pourrions, avec pièces probantes à l'ap-

pui, montrer vers quelle ruine marche l'industrie minière de ce département. Nous avons déjà
dit que l'étranger vendait du charbon aux industries voisines.

Le journal officiel de la grève, l'*Union républicaine*, nous a traité d'imposteur, ajoutant que
nous allions chercher nos renseignements à
Marseille. Cette fois nous n'irons pas chercher
autre part qu'ici même la preuve de notre affir-
mation.

Qu'avions-nous dit ? Que les industries voisines, privées de houille par la grève, achetaient
du charbon à l'étranger.

Or, voici un extrait de l'*Union républicaine* —
le même journal qui nous traitait d'imposteur —
parue à Montceau ce matin même :

Ciry-le-Noble. — *Reprise du travail*. — Une très
grande quantité de charbons étrangers étant arrivée à notre
port, les usines de M. Bossot, fabricant de produits céra-
miques, seront remises en mouvement vers le milieu de la
semaine.

Un socialiste, un rouge, le camarade Jordery,
dit Vieux Ami, un fier ajusteur, à qui je mon-
trai ce fait-divers, m'a répondu :

— Parbleu ! L'étranger n'est pas internationaliste !

- Nous le savions déjà !

20 mars.

REPRISE DU TRAVAIL

Dernier effort de l'adjoint Gougon.

Le travail est repris. Le ciel n'était pas avec
les grévistes qui manifestèrent pendant deux
mois sous la pluie. Aujourd'hui, le ciel est avec
les travailleurs. C'est à l'aurore d'une belle
matinée de printemps que l'acte décisif s'est
accompli dans le petit hameau des Allouettes.

Le secret avait été bien gardé. Toutefois, dans
l'attente d'un dénouement si souvent annoncé
par Roldes, les bandes à gourdins avaient continué leurs patrouilles nocturnes. Aussi la stupéfaction fut-elle grande parmi les sentinelles
socialistes, quand, vers six heures du matin,
elles virent des pelotons de gendarmerie à cheval

prendre position sur le terrain de la mine auprès
des compresseurs. Puis, tour à tour, arrivaient
M. Coste, M. Aguillon, ingénieur de l'Etat ;
M. de Morgues, le général de Lapommeraye, le
préfet, le procureur général, et les commissaires spéciaux.

Le soleil brille. L'heure avance. Les femmes
sont sur le seuil des maisons. — C'est t'y le
travail qui reprend ? disent-elles. — Certes oui !
Voici, un par un, les mineurs qui paraissent,
courageux, fiers, glorieux, le chapeau de cuir
bouilli en bataille, le pic sur l'épaule, le sourire
aux lèvres, la démarche assurée. Les socialistes
sont là aussi, cinquante au plus, un peu surpris,
très inquiets. Leur surprise grandit, leur inquiétude augmente, car voici, cette fois, une équipe
de près de cent mineurs. Ceux-là, comme les
camarades, allègres et joyeux. Jaunes ou rouges ?
que sait-on ? des travailleurs enfin ! Et les femmes sont groupées au coin d'une ruelle, la voix
émue, les yeux emplis de larmes, heureuses de
s'écrier : « Les voilà ! les voilà ! » « Vive les
fainéants ! » Pour un peu, les chevaliers de la

trique en lâcheraient leurs bâtons. Il faut, en
toute hâte, prévenir Goujon, conseiller municipal, adjoint au maire. Goujon, prévenu, arrive
en courant. Le sabotier socialiste a tout de même
pris le temps de faire sa toilette. Il a mis une
redingote et de beaux gants noirs en astrakan
frisé. A vrai dire, cela jure un brin avec la tenue
plus que modeste des électeurs qui l'entourent.
Les socialistes le mettent au fait... Un surtout,
le père Bastien, ne décolère pas.

— Et vous savez, Goujon, hurle-t-il, que mes
deux frères y sont. Ils travaillent, les lâches !...

Le citoyen Goujon donne des gages :

— Allons ! allons ! c'est rien, ça ! Il y a plus
de soldats que d'ouvriers ! dit-il en riant à gorge
déployée.

Un adjoint, soucieux de la tranquillité publique, aurait conseillé peut-être à cette petite
bande de se disperser. Mais le citoyen Goujon
est prisonnier de ses idées politiques. Il est
antimilitariste, antigendarmiste, anti tout.

— Nous allons bien voir ! dit-il.

Justement une patrouille de gendarmes à

cheval débouche de la ruelle où les socialistes
sont massés. Les rouges sont quatre-vingts
maintenant. L'heure est grave pour l'adjoint
Goujon. Le voici au pied du mur socialiste.
Va-t-il l'enjamber, le démolir ou s'y appuyer ?
Il se campe devant l'officier qui dirige la
patrouille.

— Passez donc plus loin, dit-il aux gendarmes.

— Qui êtes-vous ? Que demandez-vous ?

« Je suis, balbutie l'adjoint tout interloqué...
Je suis... admini.. administrateur... de la
commune.

— Et votre écharpe ?

— Mais... je l'ai ?

— Où ?

Le citoyen adjoint Goujon, décontenancé,
fouille ses poches, ne trouve rien... C'est une
situation tout à fait ridicule... Enfin, il la trouve,
son écharpe... Elle n'est pas rouge, elle est tri-
colore.

— La voilà, mon écharpe ! dit-il victorieuse-
ment.

Mais la patrouille était passée. Alors les socialistes, plus sages que le citoyen Goujon, disent : « Rangeons-nous donc ! ». Et ils se rangent, attendent, espèrent et, finalement, s'en retournent en disant : « Nous reviendrons à quatre heures ».

Le syndicat était fermé. Pauvres gens ! Sont-ils assez lâchés ! Le soir, à quatre heures, ils étaient là, à la sortie, seuls, sans Roldes, le grand meneur. Bouveri, le maire, et Bénézech, le député, firent une courte apparition. Enfin la sortie eut lieu. Elle n'a pas été calme. Les socialistes étaient revenus au nombre de douze cents. Mais la troupe était en force. Ils n'osèrent pas, et le mal n'en est que plus grand.

J'ai attendu, moi aussi, la sortie des travailleurs au milieu d'un groupe de femmes socialistes. Oh ! qui pourra dire et rendre la sauvagerie d'un tel spectacle ! Etaient-ce des femmes, des femmes françaises, que ces mégères en furie hurlant leurs vœux homicides ?

— Il n'y aura donc pas un coup de grisou pour nous débarrasser de toute cette crapule !

— En ont-ils commis des crimes, pour que les gendarmes les conduisent !... Tas de feignants ! On vous crèvera les boyaux !

Et celle qui dit cela est jeune, rose et blonde. L'homme qui est à côté d'elle dit sentencieusement : — Patience ! Il n'y aura pas toujours des soldats !

Voilà les travailleurs qui passent enfin par groupes de cinquante, conduits par les ingénieurs, MM. Martin, divisionnaire, Léon Mathey, divisionnaire, Bouchard, ingénieur mécanicien. Le peloton de gendarmes qui encadre les mineurs va de porte en porte, laissant à chaque seuil le mineur qui y habite. Les cris sauvages ne cessent point. Au 26 de la rue du Centre, comme les cris sont d'une intense colère, une femme sort au long du trottoir. On crie : — A bas la mouche ! Alors la femme pose son enfant à terre. Elle prend une canne et dit à son homme :

— Allons ! viens, mon gros, et qu'un de ceux-là ose te toucher !

Les harpies se taisent. L'homme et la femme s'embrassent. L'enfant s'accroche aux jupes de sa mère. Le peloton de gendarmes s'éloigne. Une cinquantaine de femmes demeurent sur place pour insulter cette brave jaune. Les mêmes scènes se répètent de maison en maison.

On ne craint rien pour l'instant. Mais c'est la nuit, quand les soldats seront moins nombreux, que les haines éclateront. Nous reviendrons en force demain ! ont dit les socialistes. C'est possible ! Mais, pour aujourd'hui, il faut reconnaître que le courage des travailleurs les a déconcertés. Il n'y a pas eu de manifestation sérieuse... Force reste à la loi. Le règne des terroristes de Montceau touche à sa fin.

25 mars.

La soupe continue. Les rentrées sont plus nombreuses chaque jour.

25-27 mars.

MON MAUVAIS QUART D'HEURE

Voilà deux mois que les bandes à triques sillonnent la ville et la campagne. On a souvent nié leur existence. J'en apporte aujourd'hui une preuve décisive. Mais reprenons les faits d'un peu loin.

J'ai assisté à la reprise du travail, aux Alouettes. J'ai dit ce que j'ai vu. J'ai écrit ce que j'ai entendu. Or, hier, comme j'allais faire une emplette chez M. Dessalle, libraire, je croise M. Goujon, adjoint au maire de Montceau. J'entre dans la boutique du libraire, M. Goujon se poste devant la porte. Il m'attendait. Je le prie d'entrer. Il entre et, après une discussion assez vive, il me déclare que j'ai exaspéré les gens de Montceau, qu'il connaît leur caractère et qu'il m'arrivera malheur.

— Oui, dis-je ; X... me suit partout.

— Non, répond-il, ce n'est pas lui !

Passons ! De notre discussion portant sur des faits de la grève, rectifiables peut-être, ressort l'urgence d'une visite à M. Bouveri, maire de Montceau. Nous partons, M. Goujon et moi, à la recherche du maire. Nous le trouvons au café Genevois. Là, comme ailleurs, je déclare que je ne renie rien de ce que j'ai signé, mais que la loi permet aux intéressés toute réponse qu'ils

jugent nécessaire. M. Bouveri me blâme verte-
ment et déclare ne jamais répondre aux journa-
listes. C'est peut-être un tort, mais c'est un droit
que M. Bouveri possède absolument.

En somme, rien de bien grave jusque-là.
Toutefois, étant donnée la situation particulière
qui m'était faite depuis deux ou trois jours,
depuis surtout l'algarade de la veille où, rue
des Chênes, aux Alouettes, signalé par le susdit
X..., je fus menacé, avec deux de mes confrères, entouré par près de trois cents manifestants
dont deux ou trois levèrent leurs nerfs de bœuf
sur ma tête, j'avais cru devoir avertir le préfet.
Bien m'en a pris.

Il était midi. Toujours filé, toujours menacé,
j'achète un revolver. C'est la première fois de
ma vie que je faisais emplette d'une arme, mais
cette fois c'était nécessaire, car, sachant qu'un
jour ou l'autre le travail devait reprendre aux
puits Magny, au bois du Verne, ou dans des
centres importants, je savais qu'en allant la nuit
au-devant d'un spectacle inédit j'allais un peu
au danger.

A quatre heures, j'apprends que le travail doit reprendre le lendemain matin au Magny. Je loue une voiture et m'inquiète d'un hôtel. Il neigeait. Nous arrivons vers 7 h. 45 chez M. Dezautel qui louait, disait-on, des chambres. Je recommande à mon cocher de revenir le lendemain matin, vers sept heures et demie, huit heures, pour me chercher. Il me dit adieu et j'entre à l'auberge. J'étais couvert de neige ; j'avais sur mon épaule ma couverture de voyage. Les personnes présentes furent un peu surprises. Je le conçois. Arriver là, à quarante minutes de Montceau, par ce temps, à cette heure, dans ce trouble !

— Nous n'avons pas de chambre, me disent les patrons. Je sors immédiatement. Rencontrant un chef de poste en uniforme, je lui demande s'il connaissait un logement. Deux autres chefs de poste surviennent. Nous parlementons tous quatre au coin de la rue : ce fut ma perte. Je vis bien que j'étais pisté.

— Marchons ! dis-je à mes trois compagnons. Nous voilà partis par la rue des Puits. Pendant

ce temps, l'arrivée de ma voiture, mes stations
en plein air avaient attiré une foule assez considérable. La rue des Puits est sombre et noire.
Nous nous y engageâmes, suivis par une bande
de cinquante à soixante individus. A peine
étions-nous au milieu de la rue, moi marchant
tranquille auprès d'un des chefs de poste, qu'un
individu, une trique à la main, passe près de moi
et me dit :

— Tu viens pour chercher des renseignements?

— Oui, dis-je, je remplis mon devoir professionnel.

Le chef de poste, me voyant pris à partie,
se tient à l'écart. L'homme avance, et sans
provocations de ma part, me bouscule. Des
cris s'élèvent. Une canne s'abat. Je romps en
disant :

Laissez-moi !-laissez-moi ! ou je me défends !

— Ah! ah! ton revolver nous nous en f...tons !
Je continue à rompre, voulant à tout prix éviter
un malheur. Je prends de l'avance. Mais, sur le
point d'être cerné, je m'arrête et dis :

— Retirez-vous !

La bande avance, en hurlant, bâton en l'air.
Alors je tire quatre coups de feu ! J'entends un
cri. Je m'arrête. La bande, fractionnée cette
fois, avance toujours. Alors de nouveau je tire
un coup de feu, et je fuis cette fois devant la
meute, ne sachant ni où je vais, ni d'où je viens.
C'est la campagne blanche, immense, sous un
ciel profond et noir. Mais un fossé coupe ma
retraite. J'entends crier :

— Çà y est ! hardi ! hardi ! on le tient !

En effet, je suis tenu. Je fais face au danger.
Un coup de matraque m'abat. Je sens mes jam-
bes fléchir et je tombe sur le dos. Les hommes
me bourrent de coups. — Tape-le ! tape-le !
entends-je crier. Ils tapent, en effet, et ferme. !
Alors, par un effort désespéré, je me traîne à
terre, pensant que mon salut sera au creux du
fossé. Ah ! ces deux mètres de neige, comme
ils ont été longs à parcourir à plat ventre, sous
les coups des... voyons ! de quels noms les
appellerai-je, ces gens qui prétendent ainsi
revendiquer leurs droits sociaux, leurs libertés ?

Enfin ! je roule dans le fossé où je reste

étendu au long d'un wagon. Ils sont en haut,
les autres, et j'entends.

« Jettes-y une pierre ! » La pierre est lancée,
elle ricoche sur le wagon et m'atteint à l'épaule.
Vais-je mourir là ? J'appelle aux armes ! et, tout
en criant, les yeux aveuglés de sang, titubant,
le revolver au poing, je monte péniblement vers
des soldats qui m'appellent. Peu après le major
me faisait un pansement et l'ingénieur divisionnaire m'offrait un matelas dans un coin de bureau.

. Le général de la Pommeraye offrait d'envoyer
une voiture et une escorte. J'ai refusé, pensant
que cela troublerait le pays et nuirait à la
reprise tranquille du travail. M. l'ingénieur divisionnaire était de mon avis. Ah ! bien ! je n'ai
pas eu le bénéfice de mon désintéressement. Le
matin, bien qu'une voiture commandée et payée
par moi fût à proximité, j'ai failli partir sans
escorte ; ceux qui étaient chargés de ma défense
m'ont simplement dit : Il y a un peloton de gendarmes à pied qui retourne à Montceau. Sui-
vez-les ! C'est tout ce que nous pouvons faire
pour vous ! »

J'ai eu bien tort de ne pas accepter l'aimable et humaine proposition du général de la Pommeraye, car, en retournant au Montceau, le soir même j'aurais dit la vérité et évité l'erreur de l'Agence Havas qui me représente comme ayant eu une altercation dans un cabaret. J'ai immédiatement avisé le procureur général qui m'a dit simplement :

« J'ai moi-même démenti cette version devant votre confrère M. Bernolin, du *Courrier de Saône-et-Loire...* Il est avéré que vous avez été attaqué en pleine rue. »

Attaqué, blessé, j'ai dû marcher pendant trois quarts d'heure entouré de gendarmes — de braves gens — comme un simple jaune allant au travail. On m'a traité d'assassin. Ce pays est bizarre ! On appelle assassin ceux qui ne veulent pas se laisser assommer et fainéants ceux qui travaillent ! Quoi d'étonnant après cela que ce soit la chiourne qui garde le monde... à coups de trique ?

Suis-je en France ? disais-je lors de mon premier article sur la grève de Montceau. Je com-

plète ma question aujourd'hui ; suis-je en
France, à l'aurore du vingtième siècle ? J'ai le
cœur trop gros pour répondre.

27-28 mars.

. . . .

Les gendarmes m'ont saisi mon revolver.

L'individu que j'ai blessé, un nommé Bergeron porte plainte contre moi.

Un singulier juge d'instruction M. Patron
nous confronte. Bergeron avait justement un
mois de prison à purger. C'est pendant cette
« purge » que la confrontation a eu lieu.

Je n'ai jamais été poursuivi pour l'agression
dont j'ai été victime, c'est extraordinaire.

Bergeron n'a pas été inquiété.

On ne m'a pas rendu mon revolver.

Bizarre, la justice !

FIN DE LA GRÈVE

Les manifestations se sont faites de plus en
plus rares.

Les rentrées ont été chaque jour plus nombreuses. La grève a de la sorte été close après un peu plus de cent jours.

Résultat : Beaucoup de misère.

CONCLUSION

M. Bouveri, maire de Montceau a été élu député.

LA FIN DU FIN

Un an après ces événements la caisse du syndicat rouge a été cambriolée.

Le citoyen Goujon quitte Montceau.

Le citoyen Chalot quitte le syndicat.

Le citoyen Desbrosses est disparu.

LES « ANARCHISTES »

DE CHALON-SUR-SAONE

L'ÉMEUTE DE CHALON

Tentative révolutionnaire. — Le drapeau rouge. — Cinquante arrestations.

Les troubles qui s'étaient manifestés à Chalon-sur-Saône sont allés en augmentant. A l'heure actuelle, la ville est, pour ainsi dire, gardée militairement, et cinquante arrestations ont été faites.

Mais, avant d'entrer dans les détails de ce gros incident qui pourrait bien changer la face des choses et la face des grèves, même à Montceau, faisons, d'après les renseignements particuliers que nous possédons, l'historique de cette tentative révolutionnaire.

Vers la fin de janvier, un ouvrier, M. Bénasse, demanda à M. Juillet, directeur d'une usine de ferblanterie à Chalon-sur-Saône, un relèvement de salaire.

Il refusait le travail, alléguant que, étant payé

12

aux pièces, il ne pouvait pas gagner plus de
2 fr. 85 par jour.

M. Juillet refusa tout arrangement. Bénasse,
gagnant ses camarades à sa cause, les décida
à se mettre en grève. Celle-ci fut d'abord partielle, puis complète. M. Juillet ferma l'usine
en déclarant qu'un livret d'embauchage était à
la disposition des ouvriers désireux de reprendre
le travail.

Entre temps, M. Juillet donnait aux grévistes
quelques explications sur les revendications de
Bénasse.

De ces explications il résultait que Bénasse
avait travaillé en 1900 48 semaines, qu'il avait
gagné à l'usine Juillet 1.446 fr. 75, soit une
moyenne de 30 fr. 15 par semaine, 5 francs par
journée de neuf heures.

Ces explications contentèrent-elles la majorité des grévistes ? Il faut le croire, puisque, le
12 février 1900, l'usine Juillet affichait l'avis ci-
dessous :

« Les ouvriers et ouvrières employés à l'usine
« de ferblanterie qui ont signé dans nos bureaux

« leur adhésion pour la reprise du travail étant
« en majorité et leur nombre suffisant pour
« notre nouveau genre de fabrication, sont
« prévenus que l'atelier leur sera ouvert jeudi
« 14 courant à partir de 7 heures du matin. »

L'administrateur-directeur,

L. JUILLET.

Beaucoup signèrent, et même, assure-t-on,
Bénasse fut l'un des premiers. La rentrée eut
lieu à la date indiquée. Seuls demeuraient à la
porte les 55 irréductibles qui, dès le premier
jour, ayant poussé Bénasse en avant, restaient
résolus à la lutte à outrance, à la lutte « jusqu'à
l'émeute ».

Le 13 février, les 55 avaient signé un appel
aux camarades, dans lequel ils disaient entre
autres choses : « *ce que le patron demande, c'est
notre sueur...* » « La direction disaient-ils d'autre
part, la direction de l'usine Juillet *espère peut-
être nous faire massacrer après nous avoir fait
souffrir tout l'hiver* »,

Voilà, très net, donné par eux-mêmes, l'état·
d'esprit du petit groupe qui a pris la tête des
événements d'hier.

Si ces événements n'ont pas été sanglants,
atrocement sanglants, tout le mérite en revient
au sous-préfet, M. Trépont. Grâce à son énergie,
à son évident désir de faire respecter les lois,
grâce aussi au sang-froid de la troupe, aucun
malheur n'est à déplorer.

Les *cinquante-cinq* irréductibles dont nous
parlons plus haut ayant réussi à intéresser à leur
sort *deux cents* manifestants, se rendirent donc,
dès le matin, par petits groupes, dans la ruelle
où se trouve la petite usine Juillet. Une fois au
complet, la bande « hurle » ses revendications. Il
n'y est pas question de salaire, d'heures de travail, etc., etc.

Les refrains qu'ils poussent sont significatifs
En voici deux échantillons :

Y a rien de tel.
Que les lebels,
Nous les briserons
Sur la carcasse des patrons.

Et cet autre :

> Marianne !
> Sonne la diane,
> La diane aux avachis !

Ces énergumènes décident d'envoyer une délégation à M. Juillet. Elle est reçue. Mais le directeur n'a rien de plus à dire que ce que nous avons rappelé plus haut.

M. Juillet reçoit des gens qui veulent lui *casser un lebel sur le dos*. Franchement, personne n'osera reprocher à M. Juillet de ne pas accepter d'aussi singulières propositions.

La délégation revient, apportant le refus du directeur.

— Vive la grève générale ! crie la bande.

Le gros des manifestants se dirige alors vers la verrerie Aupècle. En route, cette colonne s'augmente de nouvelles recrues. Les voilà près de cinq cents devant la grille de la verrerie.

Cette poussée humaine abat la fragile barrière. Les grévistes parcourent les fours, débauchent les verriers qui les suivent en chantant *Carmagnole* et *Internationale*.

12,

La manifestation énorme et grondante continue sa marche, précédée cette fois d'un drapeau
rouge qu'agite une jeune fille.

Ils arrivent à l'usine des Fondeurs-Réunis.
C'est une coopérative ouvrière. Malgré ce titre
qui devrait être une sauvegarde, les fondeurs
sont débauchés.

Et le flot humain roule toujours, grossi sans
cesse. Il va à l'usine Adenot, à l'usine Heithlin
et Brill.

C'est une armée maintenant, une armée insur-
rectionnelle décidée aux pires excès. Ils sont
peut-être plusieurs milliers.

Dans l'enivrement de la liberté prise tout
entière, que vont-ils faire pour user l'énergie,
la violente énergie de ces bras qui ne peuvent
demeurer inactifs ?

L'algarade.

On a tout à craindre. Mais Chalon possède un
sous-préfet qui connaît son devoir. Nous avions
déjà eu l'occasion de signaler son attitude fran-

che et énergique lors du tirage au sort de Montceau-les-Mines. C'est avec un réel plaisir que
nous constatons aujourd'hui que nous ne nous
étions pas trompé sur le caractère martial de ce
fonctionnaire républicain. M. Trépont, qui, pré-
voyant cette journée, avait fait venir dans la
nuit, de Dijon, un bataillon du 27ᵉ régiment d'infanterie, un escadron du 16ᵉ chasseurs à cheval
de Beaune, un escadron du 8ᵉ chasseurs d'Auxonne. Chalon possède un régiment, le 56ᵉ d'infanterie.

M. Trépont fit masser toutes ces forces militaires sur les deux places principales de la ville.

La manifestation avance sur le quai de la
Colombière. M. Trépont le fait barrer. Le con-
tact va avoir lieu. Il y a là un rang de gendarmes, un rang d'agents, et, derrière, les soldats
baïonnette au canon.

Les manifestants sont là. M. Trépont leur
conseille de se retirer.

On lui répond par les cris de : « Vive la Révolution ! »

Les hommes, découvrant leur poitrine —geste

banal désormais — demandent aux soldats de
tirer. Pour les engager à cet acte, ils les traitent
d'assassins. Le colonel du 56e demeure calme.
Ses subordonnés l'imitent. La troupe est admi-
rable de sang froid.

Les agents et les gendarmes sont débordés.
M. Trépont se voit alors dans la dure nécessité
de faire faire les trois sommations légales.

Les manifestants ne se retirent pas. Alors, à
ce moment, aux termes de la loi, les fusils
auraient dû partir. Mais le sous-préfet de Chalon est un homme avisé. Aux manifestants que
les trois roulements n'ont pas fait reculer, il
n'oppose que les agents et les gendarmes *non
armés*. Le commissaire spécial Muller — qui
dut bien regretter le farniente de l'hôtel Semet
— va de l'avant. Il s'empare du drapeau rouge.
Sur son dos incliné les coups de poing pleuvent.
Mais cette prise est le triomphe de l'ordre public.
Les manifestants se dispersent, laissant aux
mains des agents une cinquantaine d'entre eux.

Le coup de filet serait bon, s'il s'était abattu
sur les 55 irréductibles de l'usine Juillet, cause

première de cette journée, qui, par un miracle de
prudence et d'énergie, n'aura pas été une journée rouge.

18 février.

Discours socialiste du millionnaire Lafargue.

C'est un fait établi maintenant que l'aventure
de Chalon est un acte d'anarchie. Cette ville
industrielle est un centre d'agitation libertaire.

Le danger a été grand, si grand que les socialistes ministériels désavouent la tentative révolutionnaire. Quant aux autres socialistes, ils
essaient de profiter de l'occasion : Guesde et
Lafargue font des discours dont le but évident
est de pousser à la grève générale. L'autre jour,
le millionnaire Lafargue défendait ainsi les
petits commerçants qu'un gréviste avait dit être
hostiles aux ouvriers :

— Le petit commerçant a besoin que l'ouvrier vienne se servir chez lui ; son intérêt est
qu'il ait des pièces de cent sous dans sa poche ;
par conséquent, il le soutient. Afin que le tra-

vailleur puisse avoir des pièces de cent sous, il
faut que le patron lui en donne ; et ce n'est que
par la grève à outrance qu'on forcera les grands
industriels à augmenter le salaire de leurs
ouvriers.

Et, pour faire payer aux petits commerçants
cette rentrée dans la grâce socialiste, le citoyen
Lafargue ajouta que les petits commerçants
devraient, pour montrer qu'ils soutiennent les
grévistes, ouvrir un crédit au comité de la
grève.

Ces paroles n'ont pas été sans résultat.

A peine Lafargue avait-il terminé sa harangue
qu'un « petit commerçant », M. Gaudillat, du
quartier de Saint-Cosme, annonça qu'il ouvrait
à l'instant même un crédit de trois cents francs
en faveur du comité de la grève.

Mais la grève, rien ne prouve qu'elle soit le
vœu des ouvriers. C'est même un peu tout le
contraire qu'ils désirent.

L'un d'eux n'a pas craint de dire tout haut ce
qu'il en pensait au pré Sainte-Marie, qui est, à
Chalon, le forum des grévistes.

— Ben quoi ! a dit cet ouvrier, la grève générale, on est bien forcé de la faire, puisque tous les patrons ferment leurs ateliers. Et puis on en a « soupé » de la grève générale !

Revenus de leur erreur et de leur frayeur, les ouvriers frappent maintenant chaque matin aux portes des usines pour demander à reprendre le travail.

Les anarchistes se tiennent cois. Trente-deux wagons de chasseurs à cheval sont arrivés.

C'est peut-être une des causes du calme actuel, en dépit de cet ordre du jour voté à Montceau :

« Vous n'avez rien à craindre de vos frères, en ce moment affublés du costume militaire, si on leur commande de vous mettre en joue, ils mettront la crosse en l'air. »

Les *gars* de Montceau sont toujours illusionnistes.

19 mars.

AU LOGIS D'UN LIBERTAIRE

La plainte de l'épouse. — La folie des meneurs.

En allant frapper à la porte de ce logement d'une modeste maison du faubourg Saint-Cosme, au coin de la rue Nicéphore-Niepce, je pensais me trouver chez une de ces compagnonnes en casaquin rouge, rétives et hurlantes, comme on en rencontre parfois dans les monomes révolutionnaires.

Pourtant j'eus quelques doutes. On m'avait bien dit que Louis Gros, arrêté sur mandat du juge d'instruction, était un « anarchiste dangereux », un libertaire ; mais cela me semblait bien peu cadrer avec son titre de secrétaire général de la Fédération des syndicats socialistes de Saône-et-Loire. Mes doutes s'accentuèrent quand je me trouvai au premier étage devant une jolie plaque de cuivre gravée portant cette suscription : « M. et Mme Gros. » Je heurtai discrètement.

— Entrez ! murmura une voix faible.

La clef était sur la porte. J'entrai donc.
Devant moi, dans la pièce tout à la fois anti-
chambre-salle à manger-cuisine une femme
était assise.

Elle était blottie au coin le plus obscur, dans
un angle, auprès d'un poêle qui donnait, faute
de combustible, son dernier rayon de chaleur.
Dans une casserole posée sur la porte du four
mijotaient quelques croûtes de pain.

Sur les genoux de la femme était un enfant ;
à ses pieds, sur un petit banc, une fillette d'une
dizaine d'année était assise.

Un peu interloquée d'une aussi brusque irrup-
tion, la pauvre femme n'eut pas le temps de
cacher le désordre naturel d'une toilette spéciale
à toutes les mères en devoir d'allaitement.

Pensant que je venais pour voir son mari, elle
me dit avant toute question de ma part :

— Vous venez pour voir mon homme... ils
me l'ont arrêté hier... à cinq heures du matin.
Il ne s'en doutait pas... Il a été pris de défail-
lance en voyant ça... lui qui était si malade...

13

Toute la veille, il était resté couché par une bronchite... Il n'avait pas voulu aller à la manifestation : « ...Ça se gâte, m'avait-il dit. Ils veulent encore de la grève... moi, je crois que c'est pas utile... »

« Il avait été à Montceau deux jours avant et quand il était revenu, il m'avait dit : « Je crois que tout va s'arranger.... J'ai vu Bouveri et je leur ai fait comprendre que tout ce qu'on faisait là-bas, c'était la ruine de l'ouvrier... qu'il valait mieux reprendre le travail. »

« Car, voyez-vous, monsieur, mon mari, il a toujours recommandé le calme... même que M. Schmidt, le directeur du Petit-Creusot, lui disait un jour : « Heureusement que vous êtes là pour empêcher les grèves !... » C'était toujours comme ça, mon homme parlait toujours pour les autres !... Ah ! il ne méritait pas qu'on le mette en prison ! »

Tout en écoutant ce petit discours, j'avais suivi dans les yeux de cette triste épouse la progression d'une douleur qu'elle ne pouvait plus contenir.

Elle pleura. Je n'osais rien lui dire. Je considérais cette femme si maigre dont le visage creux, les cheveux défaits, les paupières rouges étaient un douloureux commentaire de sa peine. Derrière sa tête, contre le mur, une serviette posée sur une corde faisait une auréole à cette figure de sacrifiée.

Elle reprit :

— Vous pensez bien que ce n'est pas pour lui qu'il allait ainsi de l'avant... lui, il a toujours gagné sa vie... Même maintenant il gagne 4 fr. 75, c'est une bonne journée !

Comme elle parlait la porte s'ouvrit, une femme entra. C'était sa sœur.

— Rien de nouveau ?

— Non ! J'ai été ce matin voir à la sous-préfecture. On m'a dit que je ne pourrais pas le voir avant quelques jours.

— C'est malheureux, dit la nouvelle venue.

— Qu'allez-vous faire ? dis-je à l'épouse.

— Je ne sais ! je n'ai pas de courage à travailler... j'ai de l'ouvrage sur moi, dit-elle, entre deux sanglots, en me montrant son petit.

L'enfant auquel le sein venait d'être enlevé s'était endormi sur les genoux maternels. La fillette indifférente à notre conversation était absorbée par sa besogne. Elle découpait une robe pour sa poupée dans un vieux bas.

Je voyais bien que dans cette maison c'était la gène, sinon la misère. Sur la table quelques pommes de terre non épluchées voisinaient avec du linge de corps. Le sol n'avait pas été balayé depuis deux jours au moins.

C'était une maison en désarroi. On se serait cru au lendemain d'un enterrement.

— Et vivre ? dis-je.

— Je ne sais pas comment... Je n'ai rien... rien...

— Et le syndicat ?

— Le syndicat ! reprit la sœur de Mme Gros, il ne faut guère compter sur lui... Voilà deux jours que mon beau-frère est arrêté... Ils ne sont même pas venus ici voir ma sœur.

— C'est pourtant vrai, souligna Mme Gros, et ça m'étonne, lui qui aurait donné jusqu'à sa chemise !

Ah ! ajouta-t-elle sincèrement, pourquoi s'occupe-t-il de politique !

— Quand il était chez son ancien patron, ça n'était pas comme ça, ajouta la sœur.

— C'est vrai, dit Mme Gros, c'est le Petit-Creusot qui l'a perdu... Ils l'ont entraîné.. Quand me le rendront-ils maintenant ?... C'est qu'il est sans défense, lui !... Il ne sait pas parler comme Broutchoux... Ah ! celui-là, il a la langue bien pendue. Il sait répondre.

Et, à travers ses larmes, elle eut ce bon et singulier souvenir.

— Pour ça, dit-elle, Broutchoux, ça fait plaisir à l'entendre. Il y a quelque temps j'étais au cimetière, *sur* mon petit qui est mort. Broutchoux parlait un peu plus loin pour l'enterrement du petit d'un voisin. C'était bon de l'écouter parler. Oh oui ! c'était bon.

Le mysticisme des premiers chrétiens n'est rien auprès de ce fanatisme de l'anarchie libertaire. A se rappeler cette minute d'un bonheur incompréhensible la triste femme oubliait sa misère actuelle. Les deux mains posées sur le bambin endormi, elle revivait ce passé. Pour peu, elle aurait souri. Mais les larmes revinrent.

— Puisqu'ils arrêtent ceux qui parlent, dit-elle, pourquoi n'arrêtent-ils pas Sébastien Faure ?... Il parle assez celui-là ! Il va partout... Il parle tout le temps !... On ne lui dit rien !... Et ici, et à Montceau... Journoud, il en dit bien d'autres que mon mari...On le laisse faire... Et d'autres.

— Jaurès ! dis-je simplement.

— Quand, reprit-elle, quand on a dit Jaurès, on a tout dit !... Ces messieurs-là, ils ont la vie heureuse et sans dangers.. Ils viennent dans nos grèves passer quelques heures. Ils disent qu'il faut faire la révolution... Ils mettent tous les ouvriers en colère... Quand tout le monde est bien monté, ils s'en retournent à Paris... Jamais on ne les arrête, eux, pourquoi ?

Question indiscrète ! La sœur y répondit :

— Ils ont des amis haut placés, dit-elle.

Parole merveilleuse ! Elle était dite à point pour terminer un entretien dont l'enseignement n'échappera à personne. Je pris congé de cette

famille, victime de l'égarement de son chef.
Mais lui-même, ce chef, n'est-il pas victime de
l'illusion versée à pleins discours par les orateurs d'un parti où l'anarchie et le socialisme
se confondent en un besoin de révolte et de
chambardement?

Ces anarchistes enrégimentés dans le socialisme sont loin d'être des hommes libres. Ce
sont des fous.

Comme je quittais ce logis visité par le malheur, je fus salué d'un gazouillement poussé à
plein gosier. Je levai la tête. C'était un ménage
d'oiseaux. Ils étaient heureux, ceux-là, ne
demandaient pas la liberté, sachant peut-être
qu'en sortant du cercle si étroit de leur existence ils voleraient à une mort certaine.

Assurés d'une branche de chènevis dans une
modeste cage, ils s'en contentent et chantent
sans se soucier s'il est, de par le monde, d'im-
menses forêts qui regorgent de fruits.

22 février.

ARNARCHISTES QUI S'IGNORENT

Sabotiers révolutionnaires.

En désavouant l'échauffourée pour la mettre sur le compte des anarchistes chalonnais, les chefs parisiens du parti socialiste ont donné carte blanche au gouvernement pour la répression.

Cependant ils savaient bien, ces ministériels, que les principaux agitateurs de ce centre industriel appartiennent tous au parti socialiste. Ce désaveu, lancé pour décharger le ministère de toute responsabilité, est tout simplement une trahison honteuse envers de pauvres gens simples d'esprit, de condition modeste, et qui, sur la foi d'orateurs écoutés, rêvaient, hier encore, des réformes sociales.

Pendant de longs mois, depuis que ce ministère préside aux destinées de la France, les syndiqués chalonnais ont connu toutes les joies d'une liberté complète. Les orateurs parlaient haut et souvent.

Ce qu'ils disaient ? Oh ! rien de bien neuf ! Ouvriers à l'éloquence rude, ils redisaient, en leur langage sonore et bref, les discours entendus aux grandes assises socialistes. Ils se réunissaient dans leur « cercle » d'études, remâchaient la matière d'un congrès récent, en attendant le congrès prochain, et chaque jour ils s'enfonçaient davantage dans cette folie révolutionnaire qui fait de chaque socialiste une sorte de dictateur.

Puis, soudain, parce que des escarpes de moins de vingt ans ont tenté de faire un coup, voilà, qu'on arrête les « brahmes » du parti socialiste. Et les grands chefs de dire : « Nous les ignorons, ce sont des arnarchistes ! »

Eux, ils s'ignorent bien plus encore, ces anarchistes.

Mais tout de même les grands chefs ont peut-être raison. Tel qu'il est actuellement orienté dans ces pays d'usines, le parti socialiste a des tendances de chambardement et de brutalité assez semblables au désir destructeur du parti anarchiste. L'anarchiste veut détruire et en

rester là. Le socialiste veut détruire et recons-
truire à sa guise. Le plus logique est peut-être
l'anarchiste, car je ne vois pas beaucoup un des
meneurs actuellement sous les verrous recons-
truisant une France nouvelle avec les ruines
dont il serait l'auteur.

Car il faut bien le dire, à distance, ces farouches chambardeurs vous apparaissent comme
des hommes d'une autre espèce, forts comme
Hercule, avec la taille de Titan. De près, c'est
bien petit, bien réduit, bien souffreteux.

J'ai voulu voir David qu'on a relaxé pour raison de santé, dit-on. Il habite avec sa femme,
une chambre et une cuisine, rue Saint-Georges.
La maison date des siècles anciens. L'escalier
tortueux, fait de madriers énormes, vaut à lui
seul le dérangement. Je frappe à la porte basse.
Une voisine apparaît à la lucarne mitoyenne.
Quelle pauvreté dans tous ces logis ! Cela me
fait souvenir d'une parole de Mme Gros :

— Chez David, ce doit être une grand misère
aussi ! Ils ont un enfant estropié, et ça ne gagne
pas gros un sabotier.

Non, il ne doit pas faire bon vivre ici. La voisine me dit :

— David est chez son patron et sa femme est en journée chez une dame.

A peine sorti de prison, déjà au travail ! Je vais chez le patron. M. Jallet, rue aux Fèvres. Je passe avant par l'atelier où deux ou trois sabotiers taillent et rognent le bois silencieusement.

Me voici chez M. Jallet, boutique proprette, bien achalandée.

M. Jallet, trente-cinq à quarante ans, bon sourire. Il a, près de lui, sa femme et sa fillette.

— Non, je n'ai pas encore vu David, mais il va venir... Justement je voulais m'employer pour le faire relâcher. C'est fait, ça va bien.

— Il vous manquait, peut-être !

— Certes, oui ! C'est un très bon ouvrier... Je puis en répondre, je le connais depuis son enfance... D'abord, pendant ces deux jours de manifestation, il n'a pas quitté le travail... Aussi avons-nous été surpris, ma femme et moi, d'apprendre son arrestation.

Le patron, un peu frondeur, ajoute :

— Son arrestation ! ç'a été extraordinaire...
Ils étaient venus, monsieur, le matin au petit jour,
trente-cinq gendarmes ! Il y en avait sur toutes
les marches de l'escalier... Et de la cavalerie
dans la rue... Tout ça, pour arrêter un homme
malade.

— Dame ! on le traitait en chef de parti. N'est-
il pas président du syndicat !

— Quoi ?... oui !... il est président du syndicat des sabotiers... un point, c'est tout !

— Mais si les sabotiers...

— Les sabotiers ?... Ils sont NEUF syndiqués !

Et le patron y va de son gros rire. Ma foi,
moi, je l'imite. L'occasion est trop rare dans
ces pays-ci pour ne pas en profiter.

Cette situation est plaisante, n'est-ce pas ?
Un sabotier malade, élu par huit sabotiers bien
portants, qui suscite pour son arrestation un
tel déploiement de troupes.

— Ils feraient bien mieux d'arrêter Sébastien
Faure ! ajoute le patron... Il est venu gagner
de l'argent ici avec ses conférences incendiaires.
Et ce qu'il en a gagné !

— David ne partage pas ses idées, sans doute ?

— Non ! la preuve que David n'est pas un anarchiste, c'est qu'il a été candidat aux élections municipales, candidat socialiste, c'est vrai... Mais çà n'est pas un crime puisque le ministère...

Le voyez-vous le danger ? Il est tout entier dans cette petite phrase.

Le ministère est socialiste, donc tous ceux qui partagent ses idées sans les comprendre sont ministériels...

Toute l'affaire de Chalon tient dans cette appréciation. Il y a ici quelques centaines de malandrins pour lesquels révolution veut dire pillage. Il y a un révolutionnaire au pouvoir, donc le pillage est permis.

Il se peut que Gros, que David, que les meneurs arrêtés soient hostiles au pillage. Mais que veut-on qu'ils pensent lorsqu'ils entendent M. Lafargue, le socialiste millionnaire, qui, pour flatter la populace, disait hier à Montceau-les-Mines : « Les manifestants, en passant

devant l'hôtel Semet, ont montré leur courage
« d'armée du travail aux *fainéants du capital* ».

Il y a, à Chalon, beaucoup de ces fainéants-
là, qui voudraient bien avoir la journée de huit
heures.

23 février.

LA MYSTÉRIEUSE GRÈVE DU PORT DE

MARSEILLE

LA MYSTÉRIEUSE GRÈVE DU PORT DE MARSEILLE

L'état-major du citoyen Flaissières. — La défense du commerce. — La puissance des grévistes.

L'aspect de la ville ne souffre pas des milliers de grévistes. C'est toujours la même foule animée et joyeuse, Anglais en partance, gens chic, petits cireurs minables et gavoches, fleuristes au chignon ouvragé, mendiants robustes et camelots bavards. Pour avoir une impression de cette grève encore inexplicable, il faut aller du côté de la Joliette, de l'immense port où les grands navires endormis, aux feux éteints attendent qu'on les allège de leur cargaison.

Toutefois, dès mon arrivée, j'ai pu recueillir sur la grève une pittoresque impression. C'était à la gare. Un pauvre bonhomme d'une quarantaine d'années s'offre à mon service.

— Votre valise, monsieur.

— Oui... tout de même.

Comme je veux aller directement à la Joliette, l'idée me vient de faire partir mon bagage à destination sans l'accompagner.

— Votre médaille, mon brave ?

Très confus, le bonhomme pose la valise à terre.

— Bounndié, bon mossieu, je n'en ai pas !

— Tiens !

— Eh ! oui... Je fais ça parce que les travaux du port, ils ne sont pas repris.

— Ah ! je comprends, vous êtes en grève... syndiqué ?

— Que non ! Mais que faire... travailler ?... pour être f...lanqué à la mer... Ce n'est pas d'*urgensse*... non !

Et le bonhomme continue son antienne :

— C'est qu'ils ne sont pas bons, savez-vous ? ces bougres ! Vendredi, ils en ont jeté huit à la mer... C'était un capitaine, maître d'un petit caboteur !... Il fait la côte... Il avait un petit chargement pour Nice...

Alors il dit à ses matelots — des gens libres quoi ! — « Mes braves, chargeons ça nous-mêmes et partons !... » Oui ! que les matelots ont bien voulu...Ils ont bien chargé une palanque, deux palanques..., mais à la troisième palanque, les autres sont venus en bande... Que faire ?... Ils étaient trois cents, les mauvais bougres ! Les matelots chambardés à la mer, se sont sauvés à la nage.

En somme, c'est encore ici comme à Montceau. Le citoyen Flaissières, docteur instruit, socialiste militant, est le Bouveri de Marseille. Oh ! un Bouveri plein d'élégance, ficelle et diplomate. Le citoyen Flaissières ne pousse pas au pillage. Il ne préconise pas les atteintes à la liberté du travail. Il félicite du haut de son balcon municipal — car les balcons municipaux jouent un très grand rôle dans les grèves — Il félicite les grévistes marseillais.

— Vos affiches recommandent le calme... je vous félicite !

Seulement si, par hasard, au petit jour, quand le port s'éveille, à l'heure patrouillarde où les grévistes font des rondes, si quelque méfait se commet, le citoyen Flaissières ignore tout. Il protège les grévistes et *admet leurs revendications*.

La liste en est longue et bourrée de demandes. Elle comporte de nombreux articles. Mais elle se peut résumer dans ces quelques mots : « Peu de travail et beaucoup d'argent. »

Le syndicat des entrepreneurs de manutention a fait apposer sur les murs de Marseille une affiche rétablissant les faits. Elle nous apprend, ce que nous savions déjà, que cette nouvelle grève est basée sur le néant. Elle nous fait connaître aussi — ce dont nous nous doutions un peu — que la commission exécutive de la grève est en quelque sorte l'état-major électoral de M. Flaissières. Or, on ne voit pas très bien l'intérêt électoral que peut avoir ce magistrat à semer ses harangues dans le cerveau d'un auditoire où foisonne l'élément étranger. Est-ce pour le jour où les frontières italiennes seront reculées jusqu'à l'Estaque ? Quoi qu'il en soit, M. Flaissières soutient la grève. Jusqu'à présent, il n'a guère donné que des paroles aux grévistes... Mais rien n'est perdu. Les ouvriers

qui, depuis la dernière grève, ont bien digéré
les 20.000 francs de la municipalité marseillaise, espèrent bien que la majorité socialiste,
une fois encore, écornera le budget à leur profit.
Cet espoir est si légitime que, dès le lendemain
de la grève, le conseil général se voyait saisir
d'une demande de crédit de 10.000 francs pour
subvenir aux misères qui en résulteraient.

A Marseille, la misère va vite, comme on voit.
Et c'est vraiment une chose extraordinaire, sous
ce doux ciel, par cette molle température, dans
cette ville où les haillons encadrent des visages
souriants. Ce coup de la majorité socialiste du
conseil général indique assez, je pense, que ces
citoyens savaient à quoi s'en tenir sur cette
grève inattendue, sur cette grève mystérieuse
pour tout le monde... excepté pour eux.

Si, à ce jeu, le maire de Marseille garde la
confiance et l'estime des enroués de la sociale,
il n'est pas sûr qu'il soit en même posture auprès
de ses administrés.

Est-il nécessaire de redire une fois de plus
les désastres de la grève de l'an dernier ? Ils ne

font que trop prévoir les ruines prochaines.

Il y a à Marseille une société pour la défense du commerce marseillais. Cela n'étonnera personne, car s'il est une ville actuellement — avec Montceau, Dunkerque, le Havre, Calais, Rouen, etc., etc., — où le commerce ait besoin d'être défendu, c'est bien Marseille. La Société de défense du commerce marseillais possède comme membres six cent et quelques commerçants, chefs d'usine, etc., tout ce que l'industrie méridionale de la région compte de grandes industries qui emploient et font vivre des centaines de mille d'ouvriers.

Quelques-uns de ces messieurs, et des plus notables, ont bien voulu me recevoir au siège même de la société.

— Pas de noms, m'ont-ils dit, pas de noms livrés à la publicité pour l'instant. Le préfet a reçu notre bureau. Il y a échange de vues. Ne mettons pas, pour l'instant, en doute, les bonnes intentions du gouvernement.

— Bien que, sur ce point, ajoute un interlocuteur avec mélancolie, bien que, sur ce point, nous n'ayons pas d'illusions à nous faire.

— Oui, dit un autre, c'est l'anarchie complète ici... la ruine imminente. Si le travail des ports ne reprend pas à brève échéance, c'est une série de chômages, dont les suites comportent d'incalculables dangers. Les bateaux ne venant pas ici, ou n'étant pas déchargés, c'est bientôt la matière première qui manquera aux huileries, savonneries, etc... soit 80 à 100.000 ouvriers jetés sur le pavé par la faute de ceux qui, le pouvant, ne peuvent pas faire respecter la liberté du travail.

Un mot de Flaissières.

— Notre maire, ajoute un autre, a sur ce sujet des idées aussi nettes que nouvelles. L'an dernier, lors des grèves de la corporation des transports, je fus le trouver pour lui dire qu'il était intolérable pour un chef d'industrie de voir à chaque instant des voitures renversées par des grévistes en mal de révolution... Savez-vous ce que me répondit M. Flaissières : « Oh ! qu'est-ce que cela ?... Pour ma part, j'aime mieux voir culbuter quelques charrettes, couper quelques courroies, que de mettre en conflit la population avec la force armée. »

2 mars.

SITUATION RÉVOLUTIONNAIRE

La tentative de Quilici. — L'internationalisme de M. Flaissières. — Les excitations du citoyen Cadenat.

On se perd en conjectures sur les causes de la tentative révolutionnaire qui a motivé l'arrestation de M. Paul Quilici, courtier en huiles et rédacteur en chef de la *Parole socialiste.*

Ce n'est pas l'amour de la réclame. Tout Marseille connaît Quilici. Et dès qu'on prononce ce nom sonore devant un Marseillais industriel ou boutiquier, un sourire de mépris et d'indignation plisse ses lèvres.

— Quilici, dit-il, celui-là veut la révolution... elle arrangerait ses affaires.

Aussi est-ce bien avec l'intention de faire des inscrits maritimes une bande de révoltés que Quilici s'est mis à leur tête, en *leur donnant le conseil de s'armer de leurs couteaux*.

Ce Quilici, agent politique, tripatouilleur d'élections, qui ne paraît relever d'aucune fraction ou faction politique, consent, pour se donner une contenance, à s'enrégimenter dans le régiment guesdiste.

— Le commerce marseillais, dit-il, une fois de plus, est seul juge du différend, et il ne lui sera pas difficile de constater que si la vie commerciale de Marseille est de nouveau suspendue, c'est aux capitalistes qu'en incombe la responsabilité.

Pour cet agitateur, il n'y a rien de plus respectable au monde que les *prérogatives sacrées du syndicat*.

C'est ici que se pose une question très nette : Quel syndicat ? Le syndicat français ou le syndicat international ? A Marseille, les socialistes ne reconnaissent qu'un syndicat : le syndicat international. Les ouvriers français s'en étonnent. Car il y a ici un syndicat français. L'un de ses membres me faisait part lui-même de cet étonnement.

— Nous ne pouvons croire que le pouvoir protège plus longtemps cette réalisation de l'Internationale au cœur même d'une grande ville française. La loi sur les syndicats professionnels est une loi de protection, d'étude et de défense des intérêts économiques français, exclusivement français. Les syndicats doivent être dirigés par des Français. La grève d'aujourd'hui, qui se retourne surtout contre nous et contre les intérêts français, est menée par un groupe étranger... Et nous devons, nous Français, payer l'État, la municipalité, notre syndicat, pour arriver à quoi ? à être réduits au chômage par une population étrangère qui ne supporte aucune des charges morales et matérielles auxquelles les citoyens français sont soumis.

Ce singulier aspect de la grève marseillaise peut surprendre l'observateur médiocrement renseigné. Mais déjà, hier, lors de ma visite à la Bourse du travail, j'avais découvert très facilement cette floraison internationaliste.

Dans les vestibules de cette usine de grèves sont alignées quelques centaines de boîtes aux lettres. Chacune porte, en suscription, le titre du syndicat dont elle est la propriété. Et je lisais : Syndicat international de... syndicat international des... etc., etc.

Un négociant, auquel je contais le fait, me dit :

— Quoi ? ça vous surprend ! vous imagineriez-vous, par hasard, que Marseille est une ville française ?...

— Mais la loi sur les syndicats ?

— Notre maire s'en fiche !

Car le citoyen Flaissières a décrété, ce matin encore, que cette grève d'internationalistes était juste, que les réclamations des grévistes étaient fondées.

— En définitive, dit-il, que réclament les ouvriers ? Je passe, sans m'y arrêter, sur la question des contremaîtres, comme étant sans importance...

Or, et *c'est là un point qu'il est important de souligner* LA GRÈVE A ÉTÉ DÉCLARÉE PARCE QUE CERTAINS OUVRIERS AVAIENT A SE PLAINDRE DE DEUX CONTREMAITRES.

Ces plaintes, depuis, ont été reconnues sans objet.

Si le docteur Flaissières, maire d'une ville de 420.000 habitants, avait conscience de ses responsabilités, il serait le premier à dire aux grévistes que, les causes premières de la grève n'existant plus, la grève est virtuellement terminée.

Mais, voilà ! Il y a les causes secondes. Les voici définies, précisées, soutenues par M. Flaissières.

— Ils réclament, dit-il, la journée de huit heures, la suppression des heures supplémentaires, la suppression du travail de nuit... Mais cela ne saurait être onéreux pour les patrons... Il est certain, toutefois, que l'application de cette nouvelle méthode de travail à laquelle on n'est pas préparé pourra, au début, offrir certaines difficultés.

De tout ce verbiage, il ne reste qu'un fait bien établi : la grève, déclarée pour un motif sans importance, est entretenue moralement par le chef de la municipalité de Marseille, dans le seul but de faire prévaloir et triompher le programme de son ami Millerand.

Le ministre du commerce, dans un récent discours, se décernait ce satisfecit :

— J'ai, disait-il, réalisé dans mon département les réformes dont j'étais le promoteur. Pour les ouvriers de mon ministère, j'ai institué la journée de huit heures et *le salaire minimum de cinq francs à Paris.*

Oh ! à Marseille on a de l'avance ! M. Flaissières, socialiste-collectiviste-internationaliste, demande pour les ouvriers qu'il harangue le salaire minimum de six francs.

Franchement, on ne peut pas dire que M. Flaissières poursuit une œuvre électorale. Son auditoire abonde en étrangers.

Donc, à ces dix mille manœuvres, qui, tous, ne sont pas électeurs, M. Flaissières sacrifie l'intérêt de 400.000 administrés qui souffriront, très prochainement, du désarroi causé par cette grève. Les vaisseaux évitent le port, les docks sont encombrés. Le petit et le grand commerce sont privés des marchandises attendues. Le malaise ira donc en augmentant, grâce à cette perturbation née à l'une des principales sources de l'activité commerciale-et industrielle.

Déjà, pour n'avoir pas à entrer en pourparlers avec *la commission exécutive de la grève*, le syndicat des armateurs s'est dissous. C'était son droit.

Cette décision est exploitée par les grévistes comme un symptôme de lassitude patronale.

On voit fort bien percer le désir du comité gréviste. De même que les meneurs des grèves des bassins houillers entrevoyaient l'expropriation des mines à leur profit, les grévistes du port de Marseille espèrent que les entrepreneurs de manutention abandonneront leurs entreprises.

Et le citoyen Girard, un membre très influent de cette fameuse commission exécutive, de dire :

— Les patrons ont peur !... Ils disent qu'ils

s'en iront, qu'ils laisseront la place à quelqu'un qui fera mieux qu'eux... qu'ils s'en aillent... *ce quelqu'un, ce sera nous !*

Grâce à ces actifs citoyens, la pensée du maire se précise. Le citoyen Flaissières a, de plus, des lieutenants qui le secondent merveilleusement. Le citoyen conseiller municipal Clastrier, par exemple, a jeté son écharpe dans le conflit .. Est-ce pour l'apaiser ?... Non !. Le citoyen Clastrier est allé au syndicat français des ouvriers des ports, pour les engager à s'unir à leurs camarades en grève.

Et les ouvriers des ports, respectueux de toute autorité constituée, ont prêté l'oreille à la parole et suivi l'écharpe.

La loi de Cadenat.

Cette malheureuse foule inconsciente ne recevra donc pas un conseil utile. Livrée à elle-même, elle n'entendra que des conseils de haine et de révolte.

— Les patrons vont nous passer la main,.

disent les chefs de la grève... Nous tenons les patrons...

Et voici maintenant qu'apparaît la silhouette du citoyen député Cadenat. Son discours est bref et topique :

— Vous tenez le patronat aujourd'hui, tordez-lui le cou !

(*J'ai noté ces paroles moi-même à la Bourse du travail*).

Or, les patrons, je le sais, ne se laisseront pas tordre le cou. Ils vont aviser à bref délai. On les attaque. Ils se défendront. Qui peut les en blâmer ? La situation le commande, en présence d'un gouvernement qui, défenseur *naturel* des intérêts de tous, laisse les ouvriers partis en guerre contre le patronat.

3 mars.

LES « JAUNES » DE MARSEILLE

Les victimes du citoyen Flaissières.

La grève du port de Marseille ne diffère en rien des tristes aventures que nous avons suivies

d'un peu près. Comme à Calais, comme à Montceau, il y a ici un groupe important d'ouvriers
français désireux de travailler.

Emportés dans la tempête révolutionnaire,
ils sont roulés par elle et souffrent un double
martyre.

Je les ai vus cet après-midi, ces Français de
France, et de cette visite je ne rapporte qu'une
nouvelle constatation du péril qu'une tolérance
coupable fait courir au pays.

Le syndicat français des ouvriers du port de
Marseille a son siège à la Bourse du travail,
dans un modeste cabinet. A l'heure où je m'y
présente, la grande salle du bas est pleine de
grévistes... cosmopolites. Le citoyen député
Cadenat les exhorte une fois de plus à la résistance. Sa voix monte... monte... éclate... cou-
vrant la tranquille conversation du bureau syndical des ouvriers français.

Et j'écoute..., et j'entends :

— Oui ! citoyens ! crie Cadenat... Oui ! citoyens..., camarades..., les ouvriers français font

fausse route... Ils vont contre l'intérêt international de la classe ouvrière !

— Vous entendez, me dit M. Breyton, le
membre du syndicat français... vous entendez !
On nous arrange en bas !

— Oh ! je m'en doute, dis-je. Mais M. Chauvet, votre président, n'est donc pas là ?

— Non ! me dit M. Breyton, il est à la permanence des secours au local du boulevard des
Dames... Je vous accompagne... si vous voulez !

— Certes, oui !

— Et nous voilà partis fendant la foule des
grévistes ou mon *cicerone* reçoit quelques épithètes peu flatteuses.

— Vous comprenez... me dit-il... que tous
ces Italiens ne m'ont pas en odeur de sainteté...
nous ne voulons pas fusionner avec le syndicat
international...

— Puis vous êtes en procès, m'a-t-on dit ?

— Ça marche toujours et nous ne nous las-
sons pas.

— Que leur réclamez-vous ?... des domma-
ges-intérêts ?

— Non pas... Nous ne réclamons contre les meneurs coupables de l'affaire que de l'emprisonnement et des amendes pour entrave à la liberté du travail.

Ici, je crois bon d'ouvrir une parenthèse pour démontrer que cette tactique du syndicat n° 2 de Marseille est d'une excellente défensive. Les Français de Marseille auront été, en cette occurrence, des précurseurs qu'il faut louer.

— Et le programme des revendications soutenues par Flaissières... les huit heures... le travail de nuit... etc., etc.

— D'une application impossible, monsieur !.. impossible !... Voyons ! est-ce que l'on peut supprimer les heures supplémentaires dans un port comme Marseille où les bateaux-postes arrivent parfois à cinq ou six heures et doivent repartir ? Supposez qu'un bateau de la Péninsulaire, par exemple, soit retardé de vingt-quatre heures par la bourrasque... devra-t-il encore perdre du temps pour éviter le travail de nuit ? Voyez donc la perte d'argent, quand on pense que ces navires ont à bord plus de trois cents matelots... ça fait des bouches à nourrir !

— Alors le programme du citoyen Flaissières ne tient pas debout ?

— Pas plus que le citoyen maire lui-même... d'ailleurs.

— Comment un homme qui défend... dit-il... vos intérêts ?...

— Nos intérêts, ajoute en souriant mon interlocuteur... Flaissières !... un homme qui nous est arrivé pieds nus et qui possède maintenant fortune et châteaux !

Or, nous étions maintenant dans le petit local du boulevard des Dames. Ils étaient là plus de cinquante autour de leur président, M. Chauvet. De bonnes figures d'hommes intelligents. J'ai vu beaucoup, dans de nombreuses grèves, de ces manœuvres qui n'ont d'autre métier que de louer la force de leurs bras. J'ai vu les mariniers de Rouen, les arrimeurs de Dunkerque, les terrassiers du Havre, mais parmi ces foules, où souvent la force musculaire est le premier et dernier argument, j'ai rarement rencontré, comme à Marseille, l'entendement de l'esprit marcher si souvent de pair avec la puissance athlétique.

. Ces hommes raisonnent bien. Ils parlent vite, disent rapidement ce qu'ils ont à dire. C'est net, précis, définitif.

— Voilà, me dit M. Chauvet, le président, homme d'âge aux mains vigoureuses. Voilà... cette grève est dirigée surtout contre le syndicat français, notre syndicat, par le syndicat international... Le nôtre a pourtant une existance légale.

— La loi d'ailleurs, dis-je...

— La loi ?... Mais Marseille vit sous une loi spéciale. Le syndicat international compte à peu près deux mille cinq cents adhérents, dont seize à dix-huit cents Italiens... Ils veulent nous détruire... C'est pour cela qu'ils ont fait la grève, pensant que nous nous joindrions à eux... Nous sommes des chômeurs forcés.. !

Le pot de la grève.

— Oui, reprend M. Breyton, nous ne marchons pas avec eux... Oh ! non !... Ils sont

venus nous voir... Mais nous leur avons répondu : « *Vous avez débouché le pot... vous*
irez tout seuls chercher au fond ce qu'il y a
dedans ! »

Quand je vous disais qu'ils ont de l'esprit.

— Et au fond de ce pot, qu'y a-t-il ?

— De l'argent étranger... peut-être !

— Ces étrangers, reprend M. Chauvet, ils
veulent prendre toute la place. Savez-vous à
quoi vise le syndicat international.., maintenant ?... A nous chasser de la Bourse du travail... Ces Italiens !... ces Italiens !... Voyons,
voyons ! Est-ce que la Bourse du travail est à
Naples, à Milan, à Gênes !... Non ! elle est à
Marseille... Marseille est en France ?.., Ou nous
sommes Français... ou nous ne le sommes pas ?

— Et de Français syndiqués,, combien êtes-
vous ?

— Cinq cent onze ce soir... Il y a encore
24 des leurs, des Français, qui sont venus vers
nous...

— Cela fait combien de familles ?

— Quatre cents... Et que de misère !

Devant ce tableau, hélas ! si connu des misères ouvrières, je ne pouvais que poser la question déjà posée en des cas pareils :

— Et vivre ?

— Voulez-vous un exemple ? me dit avec un peu de gêne M. Breyton... Chez moi, j'ai quatre grévistes, qu'il faut aider... plus ma femme, mes enfants... nous sommes onze à table... nous vivons avec quatorze bons de quatre sous que nous donne notre caisse de secours... La femme fait la bouillie... et nous buvons à la cruche... Mais, à ce propos, puis-je vous demander un conseil ?... nous logeons en garni... On doit, vous comprenez... Est-ce que le propriétaire a le droit, en temps de grève de nous expulser ?

Que répondre à ce brave homme ? Il n'est pas seul dans son cas. A Marseille comme à Montceau, il y a des ouvriers de France, victimes des doctrines collectivistes, internationalistes. Eux aussi crient : « A nous les Français ! » Mais les Français de Marseille sont plongés dans l'inquiétude. L'horizon leur apparaît noir. Il semble que, sur le ciel si bleu de la Méditerranée, s'ac-

cumulent en nuages lourds toutes les fumées
des navires qui évitent ce port en détresse où
les bras sont arrêtés, où les cerveaux seuls travaillent, où les estomacs se creusent !

4 mars.

LE PLAN SOCIALISTE

**Les idées du citoyen Flaissières. — Ses espoirs.
— Ses déceptions.**

Aujourd'hui qu'il est avéré que cette grève
ne se terminera pas par la victoire ouvrière dont
se flattaient les promoteurs du mouvement, les
meilleurs amis du maire de Marseille, ceux qui
suivaient aveuglément sa politique, commencent
à douter de l'avenir, et quelques membres du
conseil municipal ne dissimulent pas leurs appré-
hensions. Ils sentent bien que ces troubles con-
tinuels incommodent la grosse majorité des
électeurs appartenant au petit comme au grand

commerce. Et, tout doucement, ces farouches conseillers socialistes en arrivent à blâmer leur chef de file.

Voici les confidences d'un membre de cette majorité :

— Flaissières, pour le plaisir de parler et de paraître, a peut-être eu tort de prendre la tête du mouvement gréviste... Je sais bien qu'il a des excuses très valables... Il comptait beaucoup sur la mollesse des patrons qui, l'an dernier, ont été pour ainsi dire vaincus.

— Mais quel intérêt votre président a-t-il à la grève ?

— Il doit soutenir la politique de Millerand... S'il pouvait faire accepter ici par les patrons la journée de huit heures, ce serait en somme, pour le ministère, une victoire indirecte. Cette réglementation du travail en France a déjà subi de nombreux échecs. Flaissières pense pouvoir la faire triompher ici. Il aurait raison si l'esprit des ouvriers était le même que l'année dernière. Mais ils ont mûri la chose, et ce syndicat international, œuvre de Flaissières, ne rencontre pas chez eux, — au contraire ! — toutes les sympathies.

— Alors, selon vous, le citoyen Flaissières compte encore que cette grève se dénouera par un succès pour l'internationalisme et le collectivisme ?

— Oui ! Mais sachez bien qu'il commence à être à peu près seul de son avis.

Cette déclaration assez extraordinaire m'a été expliquée par un des gros négociants de Marseille :

Les conseillers municipaux socialistes sentent le terrain crouler sous eux.... Il paraît que les élections municipales ont été cassées par le Conseil d'Etat et que les élections sont fixées au mois d'avril. Quand on songe que la liste Flaissières n'obtint à ce moment-là qu'un ensemble de 32.000 voix et que la liste suivante en avait 31.000, on comprend l'émoi de nos édiles. Mais il est temps, d'ailleurs, que leur tyrannie prenne fin.

5 mars,

GÊNES CONTRE MARSEILLE

Chez le consul de France à Gênes. — Les pertes de Marseille. — Patriotisme italien.

Le consulat de France à Gênes est installé *via Serra*, dans un antique et sombre palais. L'escalier de marbre noir qui conduit aux bureaux de M. J. de Clercq, notre consul, est triste, froid et sonore.

Conduit par une cameriera qui ne sait pas un mot de français, j'arrive au cabinet de travail du consul. Accueil sympathique. Me voici en France. On me parle français et, sur les murs, je retrouve, dans un cadre d'une simplicité toute administrative le sourire de M. Loubet.

Afin de bien montrer à M. J. de Clercq que je ne viens pas le déranger pour le plaisir, je lui parle d'un rapport publié par lui l'an dernier sur le trafic comparé des ports de Marseille et de Gênes,

— Et ce rapport, ajoutai-je, n'était pas très rassurant sur l'avenir du port français.

— Tout ça, me dit M. J. de Clercq, c'est de l'histoire ancienne... depuis que nous avons de nouveaux chiffres.

— Plus brillants ?

— Hélas ! non.

— Mais peut-être vont-ils le devenir, si les Génois se solidarisent avec les ouvriers de Marseille.

— Eux ! se mettre en grève !... Et pourquoi donc ?... N'ont-ils pas obtenu ce qu'ils demandaient ?...

— Alors, cette solidarité internationale ?

— Elle existe, puisque les facchini génois ont déclaré qu'ils ne déchargeraient pas les bâtiments dont Marseille est l'escale naturelle.

— Combien de navires sont dans ce cas, monsieur le consul ?...

— Oh ! fait M. J. de Clercq en soulignant ce *oh !* d'un geste expressif qui pourrait se traduire en italien par *niente !*

— Alors... pas internationalistes les Génois ?

— Non! Les Génois sont avant tout Génois...
Ils sont très habiles... Ils laissent faire les
autres et sont là tout à point pour profiter du
labeur d'autrui... Les principaux agrandisse-
ments du port ont été faits par Chambon... un
Marseillais... Les Génois en profitent... Les
Anglais ont installé, du côté du vieux môle, de
beaux quais.. et magasins.. les Génois en profitent.

— Ils profitent aussi de la grève de Marseille,
sans doute ?

— Je vais vous donner des chiffres, me dit
M. J. de Clercq, homme concis et précis.

Et notre honorable consul à Gênes, avec une
amabilité qu'on voudrait rencontrer chez tous
nos fonctionnaires, compulse notes et dossiers.

Il me dicte. J'écris :

— En 1899, l'écart au profit de la ville de
Marseille, des navires entrés dans son port était
de 4.849 bâtiments donnant un total de 3 millions 540 mille 851 tonnaux de jauge...

En 1900, la différence au profit de Marseille,
n'est plus que de 3.472 bâtiments, soit une

moins-value de 1.377 navires donnant 2 millions 568 mille tonneaux de jauge.

— C'est déjà une perte appréciable.

— Voici d'autres chiffres qui la rendent plus appréciable encore. C'est la situation du trafic calculé en tonnes :

1899

MARSEILLE. . .	5 millions 864.000 tonnes.
GÊNES	5 millions 076.000 tonnes.

1900

MARSEILLE. . .	5 millions 863.000 tonnes.
GÊNES	5 millions 203.000 tonnes.

Vous remarquerez que Marseille qui, jusqu'en 1899, avait une tendance à augmenter, commence à baisser. Gênes, d'autre part, augmente avec une rapidité inquiétante. Rien que pour l'année 1900, une augmentation de 127.000 tonnes indique clairement un état progressif de prospérité.

— A quelles causes, monsieur le consul, attribuez-vous cet état de choses ?

— Il y en a plusieurs... Le percement du

Gothard, peut-être... Une route plus facile, plus proche de la Suisse... Puis ici, à Gênes, les prix de chargement et de déchargement d'entrée dans le port sont de beaucoup meilleur marché qu'à Marseille... Enfin une chose qui certainement influe sur le progrès constant du port de Gênes, c'est, il faut bien le dire, les grèves fréquentes des ouvriers du port de Marseille. Ces grèves sont dangereuses au moment où la concurrence des marines marchandes étrangères donne à la lutte économique une acuité particulière.

— Tout de même, dis-je, Marseille possède encore le trafic le plus fort.

— Actuellement, oui.... mais que Gênes augmente chaque année de cent et quelques mille tonnes, que Marseille continue à diminuer, et alors, dans dix ans... quelle décadence !

L'entretien devait se terminer sur ce mot.

Je quittai cet accueillant fonctionnaire. En montant la *via Roma*, un spectacle imprévu vint préciser mon inquiétude patriotique. Tout le peuple de Gênes était assemblé dans la rue

du 20-Septembre. Au théâtre Carlo-Folice, un
orateur chantait la gloire de Mazzini. Cet orateur disait qu'il n'y avait pas de patriote plus
franchement et plus profondément italien.
Aujourd'hui 10 mars, c'était son anniversaire.
Gênes, comme beaucoup de villes italiennes,
était emplie d'une foule agitant des drapeaux
aux trois couleurs. Le municipe marchait en
tête d'un cortège. Pas de cris révolutionnaires,
pas de loques rouges déployées. Toutes ces
sociétés, que l'on dit si frondeuses, sont uni-
quement patriotes.

Le soir, on ne parlait à Gênes que de cette
imposante manifestation. La grève de Marseille
était totalement oubliée. On s'occupait peu de
la France, et ceux qui s'entretenaient de nos
affaires commentaient simplement l'arrivée
subite de Déroulède, l'attitude de Zola, etc.
Mais tout cela très secondaire.

Il n'y a que deux choses actuellement sen-
sationnelles à Gênes : la *Chanson de Garibaldi*
que vient de lire, en public, Gabriele d'Annun-

zio, et l'assassinat d'une femme galante par un capitaine grec.

Et le port travaille ferme.

Gênes, 10 mars.

Mystère éclairci.

Quelques mois après la clôture de la grève, le comité internationaliste a été obligé d'apporter ces comptes en correctionnelle.

On a pu dès ce moment là connaître le secret de la mystérieuse grève du port de Marseille.

— L'agent étranger, sans doute ?

— Oui !

LES TULLISTES DE CALAIS

LES TULLISTÉS DE CALAIS

Une industrie en péril.

Voilà soixante et un jours — aujourd'hui — que les tullistes de Calais sont en grève. Depuis deux mois, deux mille ouvriers et leurs familles, soit près de *dix mille personnes*, subissent la tyrannie socialiste pour complaire à M. Millerand et à ses amis.

Les métiers se rouillent, les ateliers sont déserts, les commandes passent le détroit, mais — ô fortune ! — le cabaret de M. Salembier ne désemplit pas !

Car cette grève des tullistes de Calais, elle est encore l'œuvre de Salembier, le même qui créa le syndicat des ouvriers du port de Dunkerque dans l'espoir que le port de Calais bénéficierait du chômage dunkerquois.

En ce temps-là, j'annonçais que l'ancien maire de Calais — car le citoyen Salembier fut maire de la ville — avait l'intention d'acheter un cabaret. C'est chose faite aujourd'hui. Et c'est du jour où le zinc fonctionna que date la grève des tullistes.

Le jour où la grève fut votée par les ouvriers tullistes, ceux-ci déclarèrent que cet acte de « défense ouvrière » était prémédité par les patrons. Comme si les propriétaires d'une industrie en plein épanouissement pouvaient préméditer de tuer ce qui les fait vivre ! Les gens heureux ne se suicident pas.

L'industrie calaisienne.

Comme prologue à l'enquête sur ce nouveau conflit social, je ne saurais mieux faire que de montrer la progression de cette industrie, d'après les documents fournis par la chambre de commerce calaisienne.

La création des fabriques de tulle, à Calais, remonte à l'année 1816. En 1821, on y comptait 38 métiers ; 93 en 1828 ; 489 en 1837 ; 679 en 1844 ; 1.200 en 1880. Actuellement, on en

compte 1.830 répartis entre 360 fabricants de
diverse importance : les uns ayant un ou deux
métiers, les autres une douzaine ; qui soixante,
qui une trentaine seulement.

C'est, en tout, près de neuf millions immobilisés actuellement dans ce matériel improductif
— un vrai désastre. Et quand on songe qu'un
grand nombre d'industries françaises, atteintes
de la gangrène socialiste, sont dans le même cas,
on se demande avec terreur vers quel avenir
marche la France industrielle.

A Calais, quand l'harmonie règne entre le
patron et l'ouvrier tulliste, les affaires sont excel-
lentes. En 1899, elles se chiffrèrent par 60 millions On a, sur cette somme, distribué 20 millions de salaires. On employa le surplus en achat
de matières premières et en amortissement du
matériel.

Mais qu'importe cette ruine au Salembier et
autres meneurs ! Eux, ils ont fait leur saison,
accompli leur funeste besogne !

12 janv. 1901.

LA GRÈVE EN MUSIQUE

Jean Jaurès ouvre le bal.

— Si vous voulez voir les grévistes, m'avait dit hier un négociant, allez donc dans le port, sur la jetée... Vous y rencontrerez la plupart d'entre eux, occupant leurs loisirs à la pêche.

C'était dimanche. J'allai dès neuf heures du matin à l'endroit indiqué. En effet, beaucoup d'hommes étaient là trempant du fil dans l'eau, trempés eux-mêmes par un brouillard très pénétrant.

— Ça mord ? dis-je à l'un d'eux.

— Non, monsieur... la saison des harengs est passée...

— Alors, si vous n'avez que ça pour vivre ?

— On n'a pas que ça, mais on n'a guère plus... avec ça que le comité nous a rogné les portions.

— Le comité ?

— Oui, le comité de la grève... Je suis tulliste... Mais nous lutterons jusqu'au bout, monsieur... jusqu'au bout.

— Jusqu'au bout de quoi ?

— Des ressources donc... Savez-vous que nous avons déjà mangé plus de 300.000 fr.

— Et où les avez-vous pris ?

— Nous avions, dans le temps, à l'Union, acheté des billets de loterie... Nous gagnâmes un lot de cent mille francs. Puis, les ouvriers anglais nous aident.

— Comment ça ?

— Oui, les mécaniciens et les tullistes de Nottingham nous ont donné plus de 50.000 fr. depuis le commencement de la grève.

— Ah !

— C'est qu'il en faut de l'argent !... Pensez donc, trente-deux mille francs par semaine. Maintenant, ça ne coûte plus ça, puisque, au lieu de quinze francs, on ne nous donne plus que cent sous... Mais, c'est égal, ça coûte plus cher encore aux patrons.

— Et cela vous réjouit ?

— Oui... Et puis, ils détestent Salembier parce qu'il nous aide de ses conseils.

— Désintéressés ?

— Oh ! nous ne lui donnons que trente francs par semaine pour s'occuper de nos affaires. Il y est du « sien », allez !

— C'est vrai qu'il a son cabaret.

— Heureusement pour nous, ça nous fait un lieu de réunion.

— Alors, vous êtes heureux ainsi ? dis-je à mon interlocuteur dont le vêtement plus que léger trahissait assez tristement l'état des finances.

— Heureux ! heureux !... on ne peut pas dire qu'on est heureux... Il y a des maisons avec cinq ou six enfants, et même plus. Je vous assure qu'il y a du mal à vivre chez ceux-là !

Et le pauvre diable, tout en disant cela, relevait son col que bouclait mal, d'ailleurs, un morceau d'étoffe à parapluie nouée en guise de cravate.

De fait, le brouillard était froid. Le ciel bas accentuait l'aspect morne de ce paysage lamen-

table. La sirène de la jetée poussait par inter-
valles de rauques sanglots. L'homme toussait.
Il poursuivit :

— Il y en a parmi nous qui n'ont même plus
de domicile. Ils demeurent les uns chez les
autres... Et la pêche qui ne donne pas !... Ah !
il faut que je m'en aille de bonne heure... vous
savez que le citoyen Jaurès va venir tantôt.

A l'Elysée.

L'Elysée, un café-concert, est, à Calais, la
salle où, plusieurs fois par jour, se réunissent
les grévistes.

L'arrivée du « camarade » Jaurès est annon-
cée pour cinq heures. Mais déjà, près d'une
heure avant, la salle est quasi-pleine.

J'y pénètre vers cinq heures moins le quart.
Je suis étrangement surpris par les airs de fête
de l'assistance. On peut évaluer à trois mille
personnes. Le parterre, garni de banquettes, est
comble, les loges du premier étage regorgent et,
à l'étage supérieur, plusieurs rangées d'hommes

se tiennent debout. On fume en jasant. Rien de
sinistre ni de sombre, rien de semblable à ces
assemblées du Creusot où les faces noires, dur-
cies au feu, s'éclairaient d'yeux brillants de
fièvre, farouches, inquiets. Rien que des visages
épanouis, roses, rouges, des balles joufflues,
des bouches grasses au rire sonore. Beaucoup
de femmes et des mieux nippées, des collets de
fourrure, des chapeaux à plumes ; par-ci par-là,
quelques coiffes tuyautées, en auréole, des coiffes boulonnaises, jettent une note pittoresque
et claire sur ce fond criard. Des enfants proprement vêtus, en très grand nombre, piaillent au
premier rang, tandis que les mères, heureuses,
harmonisent les boucles blondes de ces bambins.

A cinq heures et demie, cinq mille personnes
acclament le « citoyen Jaurès » à son arrivée.

En avant la musique !

La fanfare gréviste, mais oui ! joue immédiatement un air de polka, bien rythmé, quelque
chose comme la *Marche des petits pierrots*, ou

celle, plus de circonstance, *des Commis-voya-
geurs.*

C'est ainsi que les meneurs socialistes entrent
en campagne. Un brin de chahut les précède et
les suit partout.

Jaurès est sur l'estrade où d'ordinaire gri-
macent les acteurs comiques. Salembier l'accompagne. Il prend la parole le premier :

— Ne vous étonnez pas, dit le « citoyen »
cabaretier, si, aujourd'hui, je ne « tape » pas
sur les patrons... Entre eux et nous il y a
échange de lettres... c'est l'armistice... Mais,
s'ils ne cèdent pas, nous reprendrons la guerre...
Leur intérêt est en jeu, et je crois plus à cela
qu'à leur sagesse... ils vont céder... ou, ma
foi... je retape sur les patrons !

Voilà donc où nous en sommes en France. Un
cabaretier, au bagout facile, dicte des lois à
toute une corporation. Et Jaurès, un intelligent
celui-là, le suit et l'imite !

La bonne souffrance.

Jaurès a la parole. Il refait un discours déjà

fait cent fois. Il ne faut pas désespérer, dit-il, en substance... l'étranger envoie des fonds... il continuera... les journaux allemands publient un appel en faveur des grévistes de Calais qui, à cette heure, ont entre leurs mains le sort et l'avenir du prolétariat entier.

Le discours de Jaurès est une longue diatribe haineuse contre les patrons, à coups de phrases et de mots sonores. Il traite le président du syndicat des patrons, M. Hénon, de pacha aux fantaisies cruelles. Il adule les femmes grévistes et dit que la loi de huit heures sera fatalement appliquée à Calais.

Sa péroraison est un conseil assez facile à suivre désormais, vu la pénurie du syndicat :

— Souffrez, souffrez pour la bonne cause, et la victoire est à vous !

On applaudit à tout rompre. Et le citoyen Clovis monte à la tribune pour demander que Jaurès envoie de Paris des orateurs qui, seuls, peuvent par leurs discours remplacer le pain quotidien. Le citoyen Clovis récite alors une

poésie anarchiste qui fait l'apologie du vol. On
l'acclame.

Après le fort ténor, les ténors légers. A Jaurès succède la chorale de la grève. Car la grève,
en outre d'une fanfare, possède une chorale
aussi. Elle exécute un chœur de circonstance,
paraît-il :

Aimons-nous, c'est le cri de l'aurore !
Aimons-nous, c'est le cri de la nuit !

La réunion des grévistes calaisiens est, comme
on voit, une véritable fête familiale. Jamais,
sous aucun régime, on ne se réunit avec autant
de bonne humeur.

L'*Internationale* clôture la partie de chant.
C'est le tour des danses auxquelles le citoyen
Salembier convie les amateurs des deux sexes.

En un clin d'œil, les banquettes du parterre
sont rangées le long des murs. Et en avant la
fanfare !.. Et c'est un spectacle inimaginable
que ces quatre mille personnes grouillant, gigo-
tant, se trémoussant, au son d'une mazurka
que mène un piston nazillard ! Je monte au pre-

mier étage pour contempler en son ensemble cette Valpurgis ouvrière. Le citoyen Salembier est là justement.

Il déguste son œuvre.

— Je vais chercher Jaurès, dit-il.

Et il va chercher Jaurès qui paraît à son tour à cet observatoire.

— Très joli, fait le meneur de grève avec un rire à la Méphisto.

Et, comme entraîné par le rythme, il bat la mesure avec les pieds, avec les mains... Pour un rien, il en pincerait une !

Mon pêcheur du matin, accoudé près de moi sur la balustrade, considérait ce tableau d'un œil mélancolique.

Je lui demandai :

— Et les 25.000 francs que vous avez reçus des tullistes de Nottingham, est-ce un don ?

— Non, c'est un prêt. Il faudra les rendre !

Pauvres gens ! me disai-je... C'est la danse macabre qu'ils exécutent là !

. . . .

Hier, sur le coup d'une heure, un acheteur

d'Amérique descendait au Grand-Hôtel. Il avait en poche pour *deux millions de commandes*. Mis aussitôt au courant de la situation, il n'a même pas débouclé ses valises, et, deux heures après, il s'embarquait pour l'Angleterre, à destination de Nottingham.

C'est la morale de l'histoire.

13 janvier.

Ceux qui ne dansent pas.

Tous les tullistes de Calais ne sont pas enrégimentés par le cabaretier Salembier, tant s'en faut ! Un très grand nombre d'ouvriers ne partagent pas les exagérations des amis du ministre du commerce. Ces travailleurs, des vrais, ont, eux aussi, leur syndicat ; et ce syndicat n'a rien de commun avec l'autre, celui qui reçoit Jaurès dans son sein. On y entretient avec les patrons des relations cordiales ; contre eux, jamais de paroles haineuses, tout à la conciliation. Le calme préside à ces réunions, très suivies, sorte de conférences où s'échangent les

16.

vues sur l'avenir de la classe ouvrière. Tout cela,
comme on voit, est bien sérieux. Evidemment,
ces gens-là ne peuvent réussir : ils sont trop
tristes. Comment ! ils sont en grève, ils chôment,
ils souffrent, somme toute, des angoisses de l'a-
venir tout autant que de la gêne du présent, et
que font-ils ? Ils cherchent le moyen de conci-
lier l'intérêt patronal avec le leur, ils prêchent
l'union ! Quels drôles d'individus ! Il semble
qu'ils veuillent à plaisir se créer des soucis !
Mais, dans le syndicat où règne maître Salembier, c'est bien moins austère. On ne s'attarde
pas à des futilités. Le cabaretier profère quelques injures à l'adresse des patrons ; il y joint
un geste expressif, un coup de coude, puis il
donne la parole à quelque orateur parisien, dont
c'est le plus souvent le métier de *faire* les grèves... Et la soirée se termine sur un pas de
mazurke...

En vérité, n'est-ce pas là l'idéal des syndicats ?

Pour bien montrer leur mépris envers les
membres du syndicat l'*Emancipation*, Salem-

bier et ses acolytes ont trouvé pour eux l'épi-
thète de « moutons noirs ».

Or, les moutons noirs ont tenu, ce soir même,
une réunion dans la salle de l'Hippodrome. Il y
avait quatre mille personnes environ. On n'y a
pas dépensé d'éloquence inutile. Les ouvriers
sont entre eux à l'*Emancipation*, et ne veulent
pas que des bavards mettent le nez dans leurs
affaires.

L'*Emancipation* a toutefois un orateur. C'est
un ouvrier du nom de Delhay.

Ah ! ce compagnon-là ne sacrifie pas à la
rhétorique qui réussit si bien aux coryphées du
parti socialiste ministériel. Mais son discours
gagne, en force, ce qu'il perd en élégance. Il
ne ménage pas ses mots et dit ce qu'il veut
dire en bon langage courant, à la bonne fran-
quette, au petit bonheur de la trouvaille et de
l'improvisation.

Ouvrier, le compagnon Delhay reste ce qu'il
est, ce qu'il veut être, un ouvrier. Il n'hésite
pas à dire leur fait à ces faux socialistes qui
prétendent diriger la classe ouvrière. Et il flétrit

comme il convient le rôle louche de Salembier.

Sous l'influence de ce discours, la réunion s'est terminée par le vote d'un ordre du jour de blâme contre Jaurès et autres politiciens.

A la sortie, je pris à part le tulliste et lui demandai quelques détails sur le syndicat l'*Emancipation*.

— Nous sommés, me dit-il, mille hommes et quatre cents femmes... Nous avions, nous, proposé la journée de dix heures acceptée par les patrons. Si nous faisons grève, c'est par esprit de solidarité.

— Oui, fit un autre compagnon, quand la grève fut déclarée, les patrons voulaient que nous fassions marcher les métiers des grévistes. Ça, nous l'avons énergiquement refusé... Nous avons dit aux patrons que nous ne voulions pas combattre les amis de Salembier... Au contraire, avons-nous dit, ce sont des égarés... Nous allons les remettre dans le bon chemin.

Ce désir part d'un bon naturel ; mais ce n'est pas par la douceur que les membres de l'Union

et surtout son président peuvent être ramenés à
résipiscence.

Il faudrait beaucoup de citoyens comme le
citoyen Cappez, qui avant-hier, dans une réunion organisée par Salembier, n'a pas craint de
monter à la tribune et de dire : « Il y a neuf
semaines qu'on est en grève sans savoir pourquoi... Il n'y a plus d'argent dans la caisse au
moment où on en aurait le plus besoin... Je ne
dis pas cela pour le comité... Je le dis pour Millerand qui se f.... de nous comme de l'an quarante ! *Si on avait su, on aurait continué le
travail !*

14 janvier.

LES « MOUTONS NOIRS »

Chez les émancipés.

Je les ai vus chez eux, ces moutons noirs.
J'ai vu aussi dans leur petit bureau, où règne
une fièvre d'organisation, un grand nombre de

femmes et de fillettes, pauvres brebis bêlantes, celles-là, venant implorer la pâtée quotidienne, demandant avec des mines allongées quand finira ce long jeûne. Il gèle jour et nuit, une bise âpre et rude racle les rues, si larges ! et les maisons, si basses ! Dans cette immense Bourse du travail, le spectacle est lamentable. Les miséreuses arrivent, mal protégées contre le froid par des fichus de laine trop courts, dont elles se couvrent la tête, réservant les extrêmes pointes pour leurs mains déformées et bleuies.

J'ai honte de mes gants de laine !

Quand elles entrent dans le bureau de l'*Emancipation* qu'ensoleille un modeste feu, elles se blottissent autour du poêle. On les voit sourire. Mais c'est pour elles une habitude perdue. Leurs joues fanées et creuses, leurs yeux brûlés en disent long. Et ce sourire ne saurait cacher les souffrances qu'elles endurent.

C'est ici que le citoyen Jaurès devrait venir prêcher le courage. Mais peut-être, en voyant ces trop cruelles réalités, n'aurait-il pas lui-même le courage d'adresser à ces mères l'atroce conseil de souffrir la faim !

On conçoit qu'il préfère de beaucoup l'autre groupe, celui où des femmes, des mères, sont prêtes aux sacrifices les plus insensés. Ce sont celles-là qu'il couvre de fleurs — des fleurs de rhétorique, il est vrai. Et ces fleurs ont cela de particulier qu'elles communiquent à celles qui les reçoivent le don fâcheux de l'éloquence.

Une femme, appartenant au groupe Salembier, n'a-t-elle pas fait cette énergique déclaration :

— J'ai six enfants... Eh bien, plutôt que de céder, je préférerais les voir CREVER et CREVER avec eux.

Et c'est cela que M. Jaurès appelle un courage joyeux !

LE TRIOMPHE DE NOTTINGHAM

La grève, de Calais, on ne saurait trop le redire, fait les affaires, les bonnes affaires de Nottingham.

Salembier a trouvé dans quelques journaux, patronaux capitalistes et impérialistes de l'Angleterre, un appui dont l'intérêt s'explique.

Le *Daily News* du 3 janvier, notamment, produit une lettre signée de Salembier qui n'est qu'un long chapelet d'erreurs et d'invectives, erreurs sur le nombre des vrais ouvriers grévistes, invectives contre les patrons.

Le *Nottingham Daily Express* traduit les comptes-rendus — bien spéciaux — des réunions de Salembier.

The Warehouse and Draper, se joignant aux socialistes français dans cette campagne, affirme à chacun de ses numéros que la loi impose le travail de huit heures.

Ce mensonge phénoménal justifie aux yeux des tullistes de Nottingham la grève de leurs confrères de Calais. Pour eux les patrons calaisiens sont en révolte contre la loi française.

Ils ont besoin de cette excuse pour masquer leurs envois d'argent, leur prêt. Sans ce déguisement, le véritable but des Anglais apparaîtrait trop. Il serait trop visible qu'ils ne soutiennent

le chômage en France, la ruine à Calais, que
pour assurer le triomphe de Nottingham.

Celte constatation est faite.

DERNIÈRES NOTES

Perspectives du citoyen Bénézech.

L'illusion des journaux socialistes est robuste.
Chaque jour la petite armée gréviste perd quelques soldats. La grève, depuis quelque temps
déjà, n'est plus que partielle ; c'est un fait
acquis. Ce qui n'empêche pas la *Petite République* d'imprimer chaque jour : *Grève générale
des tullistes*. Il n'y a, pour y croire, que les
pseudo-ouvriers qui préfèrent l'inaction de la
grève et la gêne au travail rémunérateur de
l'atelier.

A ceux qui veulent « résister à outrance »,
le citoyen Bénézech ouvre une agréable perspective.

Le député de Montpellier, qui paraît demeurer

en permanence, a pris la parole une deuxième
fois :

— C'est un merveilleux spectacle, a-t-il dit,
de vous voir, après douze semaines de grève,
aussi résolus qu'au premier jour à continuer la
lutte jusqu'à une époque indéterminée... *Mieux
vaut périr sans avoir capitulé que de rentrer à
l'atelier la tête basse !*

Et, reprenant le mot de Danton :

— Du courage ! a-t-il ajouté, encore du courage ! toujours du courage !

Un jour ou l'autre, les grévistes auront le
courage de reconduire ce Méridional qui prêche
le suicide à des pères de famille.

5 février 1901.

Reprise du travail.

Ainsi que nous l'avions prévu lors de l'enquête faite à Calais, la réouverture des usines
enlève chaque jour au meneur Salembier un
peu de sa clientèle.

Ce retour à la situation normale ne saurait
combler d'aise les socialistes.

Le nombre des métiers actuellement en activité dépasse douze cents.

Salembier ne voit pas sans peine diminuer le nombre de ses auditeurs et consommateurs.

La grève est close.

15 février.

LA JOYEUSE GRÈVE DES COUTURIÈRES
ET TAILLEURS DE PARIS

LA JOYEUSE GRÈVE DES COUTURIÈRES ET TAILLEURS

Quelques coupeurs eurent, certain jour, des démêlés économiques avec les chefs de ces grandes maisons de couture qui harmonisent le costume dit « tailleur » sur les hanches de nos contemporaines.

Le vent de grève qui souffle sur la France, depuis ce ministère, agite la corporation. Et voilà la guerre allumée! Oh! très petite guerre, et l'armée n'est pas forte! Les coupeurs, peu nombreux, ont beau mettre dans la balance le poids de leurs lourds ciseaux, c'est bien insuffisant. Aussi ont-ils imaginé d'amener à eux les masses compactes des ouvrières corsagières, manchières, jupières, les « petites mains », toutes les fillettes! Mais, jusqu'ici, le fort contingent de celles que le doux Paul Arsène appelait des « midinettes » se refuse à soutenir à la pointe de ses aiguilles les revendications des tailleurs.

Qui peut s'en étonner ? Le tailleur, c'est le concurrent immédiat de la couturière. On comprend donc que le mouvement de grève ne progresse pas.

Or, malgré cette stagnation, les journaux socialistes grossissent les événements, à tel point que nous voilà dans l'obligation de leur retourner le grief dont ils usaient contre nous ces jours derniers. Mais puisque les « grévistes » tailleurs et couturières, réunis à la Bourse du travail, ont voté un ordre du jour demandant aux journaux *bourgeois* de faire des comptes rendus de bonne foi, nous allons, comme à l'ordinaire, d'ailleurs, être de bonne foi.

Une grève cosmopolite.

Dès son arrivée à la Bourse du travail, le journaliste consciencieux est singulièrement surpris.

A la porte principale de la grande salle, le commissaire qui vérifie l'identité de l'impétrant a un fort accent belge ; plus loin, un autre commissaire a un agent tudesque ; encore plus loin, un autre commissaire a un accent hongrois. N'insistons pas sur ce cas aussi étrange qu'étranger. L'internationalisme des gens de la sociale a depuis longtemps fait justice de ces scrupules patriotiques.

Après avoir été ainsi transmis de commissaire en commissaire, je me trouve enfin derrière le bureau qui préside à la réunion.

Le tremplin qui sert d'arrière-salle au bureau est une parlote charmante.

Sur des piles de journaux amis, des jeunes gens étendus fument des cigarettes. Près d'eux un groupe d'adolescents, cheveux bouclés, yeux pervers, gilets fleuris devisent en riant.

— Des esthètes, venus là dans l'espoir d'un flirt, pensai-je.

Justement un membre du bureau vient réclamer un peu de silence de leur part. Il s'inquiète d'abord de leur état social.

— Qui êtes-vous ?

— Nous sommes des étudiants collectivistes !

Le membre du bureau, satisfait, quitte la

17.

place. Les jeunes gens parlent peinture. Près
d'eux, une jeune fille, boulotte et rose, vêtue de
vert et d'héliotrope, assise sur une chaise, le
dossier sous le coude, conte à son jeune voisin
ses déboires de la veille.

— Oui, mon cher, les agents n'ont pas voulu
que nous passions rue de la Paix.

— La police était donc là ?

— Comment ! Mais elle est partout ! Je vous
dis qu'elle a le « tuyau » la police... Il y a des
gens dans la salle qui vont dire à M. Lépine
quand c'est fini !

— C'est une honte !

La pauvre enfant tord son mignon point
impuissant. Elle est délicieuse d'indignation.

Auprès de cette idylle circulent des jeunes
filles assez jolies, de cette joliesse ébouriffée
qui est la caractéristique de l'ouvrière parisienne. Elles sont là une demi-douzaine, blondes
ou brunes, qui se dévouent à la propagande.
Autour de leur bras maigrelet elles ont noué
un ruban de soie rouge-vif sur lequel, en lettres
d'or, se détache cette suscription : le *Petit Sou*.

Mais, par un tour d'esprit bien féministe, elles ne vendent que la *Fronde*.

Voici tout justement un monsieur qui fait affaire avec l'une d'elles.

— C'est bien d'aujourd'hui, au moins ?

— Oh ! oui, monsieur ! Voyez !

Et l'enfant, regardant la manchette s'écrie :

— Oh ! la drôle de date ! 21 schebat... année 5661...

— Oui, je sais, dit le monsieur, c'est le calendrier israélite !

Pendant que, sur le tremplin du bureau, ces petits faits se déroulent, les orateurs se succèdent à la tribune. On les comprend peu. Leur accent n'est pas *étranger* à cela. Les discoureurs de la veille font défaut.

Le citoyen Viviani était venu jouer là de son *vibrato* habituel. Mais un gréviste, non des moins écoutés, ayant déclaré à la tribune que la grève ne devait pas être la proie des politiciens socialistes, ces derniers se sont abstenus. Les moineaux ne grapillent pas les cerisiers stériles.

Le seul incident de la réunion, compréhensible en français, a été de conspuer la maison Perdoux.

Quoi qu'en disent les journaux socialistes, l'auditoire, qui comprenait peut-être trois mille personnes, n'était pas composé de femmes en majorité. Elles étaient tout au plus six cents massées au centre.

Pour le reste, la salle était pleine de gens appartenant à des syndicats étrangers aux arts du vêtement.

Statistique.

Non ! en vérité, ce n'est pas là une grève monstre.

Pour en avoir une preuve irréfutable, je suis allé consulter le bureau de statistique que le docteur Bertillon dirige à l'Hôtel de Ville.

Voici des chiffres.

Il y a à Paris, vivant du métier de tailleur, 19.861 ouvriers et ouvrières, dont 7.816 femmes.

Il y a, vivant de la couture, 133.948 ouvriers et ouvrières, dont 132.323 femmes.

Sur ces 153.809 individus, il y en a 10,556 étrangers, dont 7.376 hommes. Rien que pour le métier de tailleur on en compte 3.028, sur lesquels il y a 1.334 Belges.

Que deviennent, en face de cette masse des ouvriers parisiens, les deux mille — au maximum — agitateurs et agités qui manifestent devant les ruches laborieuses où le travail n'a point cessé ?

C'est toujours la même histoire. La grève se recrute dans le bataillon des chômeurs. Et comme la rue est assez libre, on y manifeste. C'est Paris... l'ouvrière y est symphatique, elle chante en manifestant. Mais, s'il était possible de vérifier les doigts de celles qui manifestent, combien en trouverions-nous indemnes de ces piqûres d'aiguille, symbole du labeur fatigant et sacré ?

M. Lépine a dit hier un mot assez juste. Nous étions rue de la Paix. Le rire des passants répondait aux chansons des manifestantes.

— C'est la Mi-Carême qui commence ? dit le préfet de police.

Hélas ! ce n'est que trop vrai pour les « petites mains » paresseuses. Mais combien de milliers de couturières en chambre veillent chez elles sur une robe pressée, sur un ouvrage attendu, dont le salaire aidera à faire bouillir la marmite du foyer !

Celles-là ne connaissent qu'une loi, la loi du labeur acharné. Elles la respectent sans se plaindre.

Paris, 17 février 1901.

LA GRÈVE DES MARINIERS DE ROUEN

LES MARINIERS EN GRÈVE

Cette grève durait depuis quelque temps déjà lorsque M. Marcel Petit, administrateur de la Compagnie fluviale projeta de recevoir au siège de la société une délégation des grévistes venus de Rouen.

M. Marcel Petit est de retour de la réunion. Tout aussitôt, les négociants présents, le personnel et les amis de la maison se précipitent à sa rencontre pour savoir le résultat des pourparlers de l'après-midi. Ils sont nuls.

— Lorsque, me dit un membre du conseil d'administration, nous avons reçu une première délégation, nous n'avons pas voulu entrer en pourparlers avec les membres du syndicat, qui n'était pas absolument composé de mariniers. Ces délégués de la première heures ont repartis pour Rouen.

Parmi les trente délégués envoyés vers nous aujourd'hui, il se trouve encore un membre du

syndicat qui n'est pas marinier. Nous l'avons
cependant admis à la réunion ; mais à une condition, c'est qu'il ne prendrait pas la parole.
Plusieurs des capitaines présents nous ont déclaré
qu'ils ne connaissaient pas ce syndiqué pour
appartenir à la corporation Il nous a pourtant
paru que ce nouveau venu avait sur nos mariniers une certaine influence.

Pour la bonne marche des choses, la Compagnie a fait toutes les concessions désirables. Je
n'ai pas le temps matériel pour entrer dans le
détail des différents salaires dont on nous
demande le relèvement. Aujourd'hui, on nous
apporte de nouvelles propositions ; nous répon-
dons par d'autres propositions qui comportent
encore, de notre part, de nouvelles concessions.
Les délégués, venus à trente cependant, nous
déclarent ne pas avoir mission pour accepter ou
refuser. Ils vont prendre encore une fois des
ordres à Rouen.

Que puis-je vous dire de plus ? ajoute mon
interlocuteur. Nous avons fait et nous faisons

encore de la conciliation. Mais il y a une limite !
Attendons et espérons !

Attente et espoir courent grande chance d'être
déçus si l'on en juge par ce que disent les grévistes.

Plusieurs d'entre eux tenaient un petit mee-
ting, en plein air, place Saint-Germain l'Au-
xerrois.

Quand on a vu les débardeurs, si minables, de
Dunkerque, on éprouve quelque plaisir à voir
ceux-ci. Chefs mariniers, capitaines de remor-
queur, patrons de vapeur, ils sont tous gros,
gras, rougeauds et réjouis.

— Hé là ! leur dis-je, alors rien de fait ?

— C'est la Compagnie qui ne veut pas céder.

— Alors vous repartez pour Rouen ?

— Non !

— Alors, à quand des nouvelles ?

— Demain. Il y a ce soir une réunion à Rouen
à neuf heures. Nous avons téléphoné les nouvelles propositions de la Compagnie. La réunion
décidera.

— Pour nous, me déclare un capitaine d'aspect paisible et de mine franche, nous voudrions bien reprendre le travail. Mais nous ne sommes pas les maîtres. Il y a les six cents qui sont à Rouen. Ce sont eux qui commandent.

— Mais enfin, leur dis-je, il y a une chose bien certaine, c'est que votre inaction va entraîner un chômage sur les ports de Paris. Vingt-cinq mille personnes, qui vivent du déchargement des bateaux, vont être sans ouvrage.

— Ils feront comme nous : ils se mettront en grève.

— Puis il y a le roulage et le camionnage qui subiront le contre-coup.

— Ils feront aussi comme nous, comme les autres : ils se mettront en grève.

— Vous n'avez pas la prophétie très gaie, dis-je au matelot. Mais, enfin, il y a vous-mêmes : ces voyages de Rouen à Paris, ce séjour dans la capitale, ça coûte ! Vous devez dépenser gros.

A ces mots, ce robuste homme de mer me mit sur l'épaule sa main rude et calleuse. Et

très lentement, avec un sourire volontaire, il
me dit :

— Je vous dis que nous pouvons tenir des
mois. C'est le syndicat qui paye. Il y a dix mille
francs à manger ! Nous pouvons lutter contre
la Compagnie.

Et, avec un bon rire satisfait, il conclut :

— Vous pouvez raconter ça !

Ma foi, je n'hésite pas ! Aussi bien cette
déclaration éclaire d'un jour nouveau une grève
assez obscure. Les grévistes rouennais ont de
l'argent. Soit ! Mais qui en donnera aux milliers
d'ouvriers des ports parisiens que l'inaction des
mariniers va plonger dans une noire misère ?
Ce ne sont pas, assurément, les grévistes nor-
mands. Alors, avant de réduire à la famine
ceux qu'ils privent de travail, les mariniers
auraient dû songer à l'avenir précaire de l'ouvrier des quais. Mais, en socialisme, on ne partage guère que la doctrine, comme on voit !

7 septembre 1900.

Opinion de grévistes.

Comme je me trouvais à la Basse-Vieille-Tour, très antique monument où la chambre syndicale des mariniers a élu son siège, j'appris de la bouche même des grévistes que l'arbitrage réclamé par eux était une fois de plus reculé aux calendes grecques.

— Vous ne voulez plus d'arbitrage ?

— Non ! pas pour le moment, me répond un marinier dont le costume flambant neuf fait merveille.

— Pourquoi ?

— Mais parce que nous espérons que les Compagnies vont nous donner raison.

— Alors c'est la guerre ! La lutte sans trêve, la grève sans fin !

— Sans doute ! Vous comprenez bien, ajoute mon orateur, que ce n'est pas à nous à céder.

Et, tout à la file, mon marinier me conta tout son système. Oh ! très simple et très radical ! Plus de directeurs généraux ! Plus d'immeubles ! Plus d'actionnaires !

J'aurais pu tout aussi bien tourner le dos à ce « révolutionnaire » ; mais, gréviste, il représentait l'opinion du milieu, l'opinion de la grève. Je l'écoutai, et, quand il eut terminé sa harangue, je lui dis :

— Qui remplacera tout cela ?

— Nous, monsieur, si on veut. Le syndicat fera tout le travail, sous une tente, une table en sapin pour bureau.

Et ils sont des centaines qui pensent ainsi, qui parlent de même. Qui donc les a bernés de cet espoir fou ?

J'ai vu, à la Compagnie, le directeur, un homme du métier, M. Cardin.

Nous parlons tout d'abord de la question d'arbitrage.

— Nous refusons tout arbitrage, me dit M. Cardin. La Compagnie ne peut pas faire de sacrifices supérieurs à ceux qu'elle consent actuellement. Les revendications des grévistes nous causeraient un surcroît de dépenses d'au moins trente pour cent. Nous payons, par an, un million de gages. C'est 300,000 francs qu'on nous demande de perdre par an. Nous ne le pouvons pas. Quand nous disons cela aux grévistes, ils nous répondent : Augmentez les tarifs du fret. Cela est impossible avec la concurrence voisine des Compagnies de chemins de fer.

Non, voyez-vous, dans tout cela il y a une manœuvre inexplicable. Nos mariniers ne sont pas dans la misère. Ils vivent bien.

M. Cardin, faisant appel à ses souvenirs d'enfance, ajoute :

— J'ai vu la vie des mariniers. il y a vingt ans, chez mon père. Je sais quels étaient leurs travaux et leurs salaires. Or, maintenant, ils gagnent près de trente et quarante pour cent de plus qu'en ce temps-là.

Et ils ont de beaux jours encore actuellement. Quand nos péniches, nos chalands demeurent pendant le chargement et déchargement immobiles et à quai, le marinier est libre sur son bord. Je ne veux pas m'étendre sur les avantages du métier. Mais je crois pouvoir dire que l'action de la grève actuelle est mauvaise. Ce n'est pas en pleine saison alors que le travail donne, qu'on ajoute aux frais d'une entreprise les pertes du chômage.

Nous avons déjà de grosses dépenses, conclut M. Cardin ; la crise des charbons et la loi sur l'assurance ouvrière nous coûtent très gros. Nos mariniers pensent-ils à cela ?

10 septembre 1900.

Enquête chez les courtiers.

J'ai rendu visite à de nombreux courtiers maritimes. Au sujet de la durée de la grève, les avis sont partagés. Les uns croient qu'elle sera terminée cette semaine ; d'autres craignent qu'elle ne dure encore un mois.

L'un deux, l'un des principaux, me disait :

— Il faut pourtant que la situation cesse sous peu. Elle est grave et elle sera par la suite bien plus grave encore. Les arrivages ne cessent point. Le port est encombré par les bois. Bientôt il sera bloqué. Alors s'ouvrira, au mois d'octobre, la campagne, la forte campagne des charbons et des vins. Si d'ici là nos péniches ne sont pas parties et revenues, ce sera un déficit considérable dont le commerce fluvial de Rouen sera frappé.

11 septembre.

Le remède au mal des grèves.

Les mariniers affirment que la grève durera encore un grand mois.

Si pareille chose arrivait, nous n'aurions plus affaire qu'à une grève partielle. Il est probable, en effet, que le personnel de la Compagnie Frétigny va d'ici peu reprendre le travail.

Les mariniers de cette entreprise ont fait cause commune avec ceux de la *Seine*, c'est vrai ; mais ils ont fait précéder leur acte d'une déclaration qui démontre une fois de plus les exigences tyranniques de la doctrine socialiste.

L'entreprise Frétigny existe depuis de longues années Le personnel a été élevé, pour ainsi dire, par les chefs de la maison.

Patrons et ouvriers sont donc liés par de mutuels souvenirs. Aussi est-ce respectueusement, et sous une forme très particulière, que les grévistes annoncèrent à M. Frétigny la décision qu'ils venaient de prendre et le but qu'ils poursuivaient.

— Nous n'avons rien à vous reprocher M. Ferdinand, dirent-ils au chef de l'entreprise. Nous sommes très heureux avec vous. Nous ne demandons rien ; seulement, nous faisons partie du syndicat des mariniers. Les autres du syndicat font grève, nous sommes forcés de faire comme eux.

Cet aveu indique bien qu'un certain nombre de grévistes ne demandent qu'à travailler aux conditions anciennes. Une rupture va-t-elle se produire entre ces derniers et ceux qui préconisent la lutte à outrance ? Cela n'est pas impossible.

Ce serait une détente. Elle amènerait la fin du conflit et Rouen reprendrait sa physionomie première. Si cette détente ne se produit pas, les pertes présentes et futures seront énormes.

En voici le tableau fidèle, tracé par M. Clamageran :

OPINION DE M. CLAMAGÉRAN.

M. Clamageran dirige, à Rouen, une importante entreprise de transports maritimes. Ses relations commerciales sont surtout établies avec l'étranger.

A l'heure où je me présente à son bureau, — une ruche en travail, — M. Clamageran dépouille son courrier.

— Ma foi, monsieur, vous venez à propos, me dit-il dès que je lui expose le but de ma visite. Voyez, voici des lettres qui m'arrivent du Midi. Nous avons deux gros transports immobilisés par suite de la grève d'Oran. Et ce n'est pas fini !... ce mouvement va gagner tous les ports... nous en sommes malheureusement sûrs.

— Les intérêts du commerce rouennais vont-ils être lésés dans une grande proportion ?

— Ils le sont déjà !

— Et si la grève dure un mois encore ?

— Ce serait un désastre. Voici pourquoi. Le

port est encombré, pas au point toutefois de nous obliger à suspendre les arrivages. Mais, dans une dizaine de jours, il en sera autrement.

Nous nous verrons forcés de refuser les bateaux, qui s'en iront vers le Havre où vers Dieppe. C'est autant que perdra Rouen. Mais il y a d'autres pertes à craindre.

Et M. Clamageran, très au courant des choses dont il parle, m'assure, en un langage très précis, que le port rouennais court, pour l'avenir, un très réel danger.

— Rouen, me dit-il, est un port de cabotage dont l'élément principal est le transit méditerranéen. On vous a déjà montré le péril de la concurrence des voies ferrées. Pour l'Ouest, ce péril n'est pas à craindre. Cette Compagnie, à laquelle nous n'avons recours que pendant les fortes crues, n'a pas de matériel. Mais il y a une ligne qui pourrait nous enlever notre transit. C'est le P.-L.-M. Notre grand trafic d'Orient est concurrencé par des combinaisons de chemins de fer entre Paris et les ports méditerranéens. Tout l'Orient — et les affaires y sont nombreuses — aboutit à Alger et Marseille. Jusqu'à ce jour, nous avons la préférence, et la ligne fluviale Alger-Rouen-Paris ne souffre pas de la concurrence par voie ferrée de la ligne Alger-Marseille-Lyon-Paris. Mais si la grève des mariniers met les Compagnies de transports dans la nécessité d'augmenter le prix du fret, l'aspect des choses changera. Actuellement, l'écart des prix entre le transport fluvial et le transport par voie ferrée est tel que la concurrence est impossible. Mais qu'il n'y ait entre les deux qu'une minime différence de trois ou quatre francs la tonne, la voie ferrée méridionale, avec la vitesse qu'elle peut offrir, aura de grandes chances d'hériter de notre trafic.

C'est pourquoi, voyez-vous, il est d'une incontestable nécessité d'étudier de très près cette question de salaire. Il faut en finir une bonne fois. Je vis parmi les mariniers. Je sais combien ils subissent de mauvaises influences. Mais tous ne sont pas des malandrins. Et la plupart, si ce n'était la peur des meneurs, continueraient à travailler. Hélas ! je dois reconnaître que le

patron de péniche, le capitaine a beaucoup perdu
de son autorité. Cela tient pour beaucoup à l'é-
volution économique des temps.

Jadis, le capitaine de chaland avait affaire à
un patron, à un homme du métier. Maintenant,
les conditions de travail sont très différentes.
Au directeur d'une petite exploitation se sont
substituées des Compagnies puissantes dont les
présidents ne peuvent être, cela se conçoit, en
relation avec le personnel des bateaux.

— Mais que faire à cela ? dis-je ; c'est l'ordre
des choses, la marche du temps.

— Si, monsieur, si, il y a un remède au mal
actuel, si grand dans le présent et si dangereux
pour l'avenir. Je connais le caractère des
ouvriers, et, par expérience, car j'ai été délégué
patronal au cours des dernières grèves des
ouvriers du port. Par expérience, je sais qu'il
faut se montrer avec eux libéral et tolérant. Mais,
pour que cette tolérance et cette liberté d'esprit
portent quelque fruit, il faut qu'il y ait entre les
patrons entente préalable.

— Que les patrons se syndiquent, ajoute

M. Clamageran, qu'ils unissent leur force morale ; cette unité des intelligences directrices assurera l'activité commerciale, l'activité continue sans laquelle on ne saurait assurer la prospérité durable d'une nation.

12 septembre.

LE SECRET DES GRÈVES

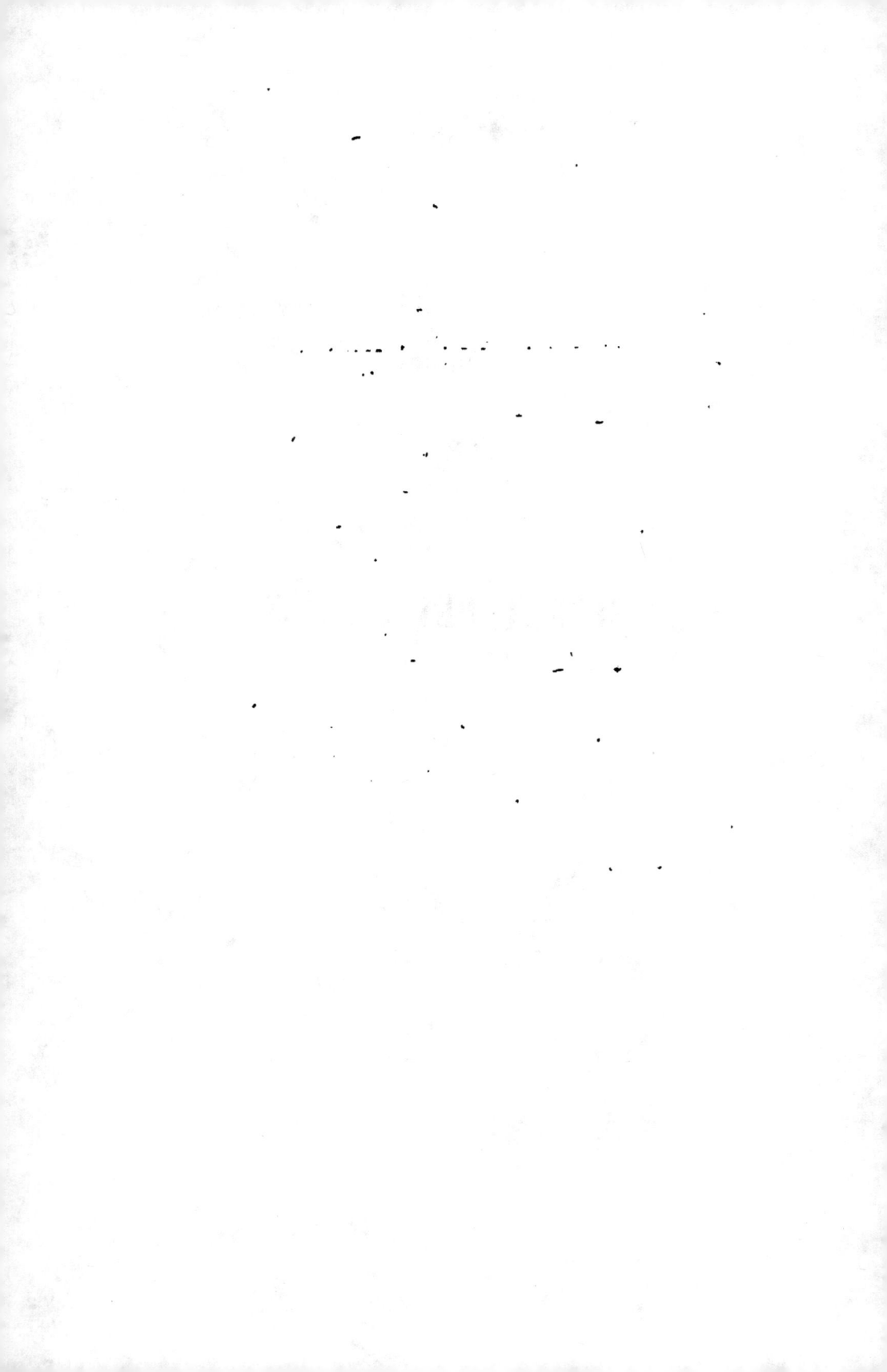

LE SECRET DES GRÈVES

Enquête au Hâvre. — Interview de M. Rispal, député. — Les déboires de M. Marais, maire du Havre. — L'oubli des lois.

Les négociants lésés par les grèves, soit à Dunkerque, soit à Rouen, affirment que le mouvement gréviste pouvait être circonscrit et réduit au Havre, garantissant ainsi de la contagion les autres ports français.

L'enquête à laquelle je viens de me livrer au Havre donne non seulement à cette théorie une grande force de vérité, mais elle démontre que le gouvernement a toléré les troubles grévistes, quand il n'était pas lui-même l'inspirateur indirect ou direct de ces désordres.

M. Rispal, député du Havre et négociant en métaux, est un laborieux. Pendant les vacances parlementaires, il se consacre à son entreprise. C'est là que je l'ai rencontré, parmi les fers et les fontes. Sur sa table de travail, les lettres

commerciales voisinent avec les projets de loi.
M. Rispal est donc merveilleusement placé pour
donner son avis sur un mouvement ouvrier qui
l'intéresse à un double point de vue économique et politique.

— Ceux-là ont raison, me dit-il, qui prétendent que toutes ces grèves ont pour point de
départ celle du Havre. On a été, dans toute cette
affaire, d'une mollesse dangereuse. Mais l'ori-
gine du mouvement gréviste remonte à la première grève des terrassiers, voilà tantôt deux
mois. Ne reparlons pas des détails, n'est-ce pas?
Le seul grief à relever contre les pouvoirs
publics, c'est, dès le début, l'inaction voulue ou
commandée, c'est la persistance à ne pas appliquer les lois existantes : le ministère protégeait
les meneurs.

Comment! dès le premier jour, on fait arrêter le principal agitateur des terrassiers, un
nommé Laville, voilier de son état. Ce Laville
est relâché : par ordre de qui ? Bref, le soir
même de sa mise en liberté, on l'a vu dinant
avec M. Nicolle, le commissaire de police spécial.

Jugez si, dans le public, on fut étonné d'apprendre de telles choses ! M. Nicolle, questionné là-dessus, répondit que Laville rendait quelque service au gouvernement (?).

M. Rispal ne ménage pas, en me disant ceci, son indignation pour une suite de manœuvres qu'il compte bien, d'ailleurs, flétrir, à la tribune de la Chambre, lors de la question Thierry, transformée en interpellation.

— Ce sont des choses qu'il faut dire, ajoute M. Rispal. Les autorités havraises ont été d'une faiblesse coupable. Le sous-préfet a maintes fois donné des gages aux socialistes, le procureur général a été d'une singulière mansuétude. Est-ce par veulerie administrative ou par discipline gouvernementale ? Je crois, moi, que le ministère a commandé et qu'il a été obéi par ses agents.

Quoi qu'il en soit, devant une telle facilité accordée à leurs essais de révolte, Laville et Marck ont continué leur propagande. Marck, secrétaire de la Bourse du travail, appointé par la municipalité, se sert de sa situation pour

19

faire de l'agitation quotidienne. Il court au
Havre, sur sa vie et sur ses ressources, des histoires extraordinaires. Son internationalisme
est patent. Il peut tout. A son appel, les ouvriers,
médusés, se soulèvent. Et lui, au mépris des
lois, demeure toujours indemne.

Marck et Laville tâtèrent donc le pouls au
pouvoir. Ce dernier les laissant faire, ils pouvaient marcher. La grève des soutiers aurait pu
être arrêtée par l'application de la loi contre les
ouvriers inscrits, lesquels sont sous la discipline du Code maritime. Cinquante-deux condamnations avaient été prononcées par le tribunal maritime. M. Leflambe, commissaire de
l'inscription maritime, qui, requis, avait appli-
qué la loi, a été déplacé; envoyé à Brest. Et les
condamnations, par ordre ministériel, considé-
rées comme nulles. Voilà les résultats !

Les actes de M. Marais.

Le cabinet officiel de M. le maire du Havre
est une salle splendide. Lui, M. Marais, est d'une

modestie charmante. Au physique, c'est un
homme paisible, philosophe et de bon juge-
ment. C'est un républicain de longue date ; tout
chez lui, depuis la rondeur de ses allures jusqu'aux boucles des cheveux, indique le penseur
idéaliste de 1848. C'est pourquoi, dès le début
de notre conversation, il voulut bien me déclarer qu'il était surtout républicain avancé.

— Je le savais déjà, monsieur le maire, lui
dis-je. Aussi les renseignements que je réclame
de votre bienveillance n'ont-ils rien de politique.
Je remonte à la source des grèves, à ce mouvement...

— Bien, je comprends..., déclare M. Marais.
Or, ce mouvement gréviste, qui s'étend comme
une traînée de poudre dans la France entière,
vient tout simplement de Paris.

Lorsque M. Baudin, ministre des travaux
publics, fit connaître aux ouvriers de l'Exposition les chantiers ouverts en province, il n'ou-
blia qu'une chose, c'est de signaler à ces ouvriers la différence des salaires. Ces terrassiers,
qui venaient de Paris, où ils gagnaient cinquante

et soixante centimes l'heure, ne voulurent pas travailler à trente-cinq centimes.

— Oui, monsieur le maire, mais cela ne justifie en rien les violences dont votre ville a été le théâtre.

— Certes ! mais moi, voyez-vous, j'ai fait mon devoir. J'ai été en permanence à la mairie. J'ai, chaque fois que cela a été nécessaire, protégé ou fait protéger la liberté du travail.

Et, tenez ! que je vous montre un document.

Ici, M. Marais tire d'un carton une double feuille de papier administratif. Le titre, en belle bâtarde, est ainsi libellé : *Liste des arrestations opérées*, etc., etc.

— Voici, continue M. Marais, la liste de tous les ouvriers qui, à mon avis, ont été coupables d'un délit pour atteinte à la liberté du travail. Il y en a un peu plus de 70.

— Et combien de condamnations.

— Pas tout à fait vingt-cinq.

Ma mission consiste à signaler le délit, à requérir l'arrestation. Le reste est besogne de procureur.

— Lequel ne procurait rien aux tribunaux.

— Je ne veux entrer dans aucun détail. Il y a, en quelque sorte, un secret professionnel municipal. Toutefois, je puis regretter publiquement ces non-lieu, qui amoindrissaient mon autorité.

Qu'on poursuive, qu'un tribunal acquitte.... par bonté : c'est parfait ! Mais qu'on ne suive pas sur la plainte, c'est une tactique dangereuse. J'ai même eu à ce sujet, de grandes discussions avec M. Noguères. J'avais fait arrêter cinq ouvriers boulangers qui étaient entrés dans un fournil pour débaucher leurs camarades. On les relâche, je proteste. On me répond que la porte était ouverte ! Plus tard, des ouvriers faisaient des promenades dans la rue ; ils demandaient de l'argent, une sébille d'une main, un bâton de l'autre. Je veux appliquer la loi contre la mendicité. Le sous-préfet, M. Cathala, me répond que ce n'est pas de la mendicité, que c'est une quête ! Dans ces conditions que vouliez-vous que je fisse ? J'étais impuissant contre les meneurs.

— Tenez, ajoute M. Marais, il y en avait un, un terrassier du Midi, nommé Carcanade. Il était venu de Paris ; ce fut lui, avec Laville, qui cria le plus fort. Il fit si bien qu'il fut nommé délégué. Bref, quand tout fut arrangé, quand lui, Carcanade, avait l'assurance de toucher le salaire désiré, il disparut du Havre le surlendemain de l'arrangement.

— Et cela ne vous a pas paru étrange, comme le cas de Laville, de Marck, etc., etc.. ?

— Je réserve mon opinion là-dessus. Je me borne à regretter que les autorités supérieures de la République manquent ainsi de courage civique. Voilà de longues, de très longues années que je suis dans l'administration municipale. J'assiste maintenant à de douloureux spectacles. Pour un radical, c'est dur !

La trame.

Le mouvement vient de Paris !

La vérité, c'est qu'une bande d'agitateurs opère depuis de longs mois en province. Marck,

depuis un an, fomente des grèves dans l'ouest.
Quand l'ouvrage abonde, il fait appel à Fribourg,
un orateur socialiste.

A ce propos, une anecdote :

Dès le début de la grève des terrassiers au
Havre, M. Fribourg vint faire quelques conférences socialistes. On connaît le sujet. N'y revenons pas. Quelques semaines se passent : l'arbitrage est accepté de part et d'autre. M. Marais,
maire du Havre, va un matin au ministère,
où l'attend M. Baudin, ministre des travaux
publics.

Les ouvriers terrassiers s'y rendent de leur
côté. Tout le monde se retrouve dans le bureau
du ministre, lequel prend ses dispositions d'arbitrage.

Tout à coup, on frappe à la porte. Cette dernière s'ouvre et le citoyen Fribourg paraît.
M. Baudin tend sa main ministérielle au nouveau venu et lui dit :

— Bonjour, mon cher Fribourg.

La loi sur l'arbitrage n'avait pas prévu ce
cas-là.

Une autre fois, les négociants du Havre ont une entrevue avec les délégués grévistes, Marck en tête. Pendant tout le temps de la réunion, M. Cathala, le sous-préfet, n'appelait pas le meneur autrement que : « Mon cher Marck ! » A ce point qu'un assistant, interpellant très haut M. Cathala, lui dit :

— Alors, monsieur le sous-préfet, c'est nous qui sommes les voyous !

Ni au Havre ni à Rouen, le parquet n'a fait son devoir.

A Rouen, quand les mariniers décrétèrent la grève, comment firent-ils pour arrêter, en cours de route, les bateaux sur le fleuve ? Ils télégraphièrent tout simplement l'ordre du syndicat. Les mariniers, payés par la Compagnie, cessaient le travail sur l'injonction d'un tiers. Ce tiers commettait ainsi une atteinte à la liberté du travail. Le parquet de Rouen a vu les dépêches, il a entrevu le délit et il est resté inactif. Sans nul doute, le parquet de Rouen, comme celui du Havre, avait, par ordre, les yeux fermés.

Or, comme les parquets de France dépendent du ministère de la justice, M. Marais est peut-être dans la vérité en disant que le secret des grèves est à Paris.

17 septembre.

LA GRÈVE
DES DÉBARDEURS DE DUNKERQUE

A DUNKERQUE

Les débardeurs socialistes.

Les malheureux, solidaires par peur des coups, demeurent inactifs et muets. Bonnes gens ! tout de même, doux comme des moutons ! mais des moutons de Panurge, qui peuvent devenir enragés. Ils ont faim et n'ont pas de caisse de secours. Chacun cherche sa vie et la trouve où il peut, comme il peut, quand il peut.

Ils ne se plaignent guère. L'espoir qu'on fait luire à leurs yeux est si vif, si doré, si plein de largesses futures que les voilà hypnotisés. Mais cependant des exemples récents les troublent et leur mettent au cœur un désir de lutte sans merci.

Je leur parle de M. Dumont, dont toute la ville proclame la bonté. Les grévistes auxquels je vante, à mon tour par ouï-dire, sa loyauté médiatrice, n'ont qu'un cri : c'est un cri de reproche.

— M. Dumont ! en voilà un qui n'est pas large ! Ah ! parlez-nous du maire de Marseille ! Voilà un brave homme. Celui-là, au moins, il a donné 20,000 francs aux grévistes. Mais M. Dumont, lui, pour ici, pas un sou.

Je n'insiste pas sur la beauté du geste de M. Flaissières. J'en tirerai cette simple conclusion que ces exemples-là sont des semences de révolte jetées dans un terrain qui n'est que trop préparé pour les recevoir et les faire produire.

Car, dans cette foule d'ouvriers des ports, il est une majorité d'hommes robustes, décidés, qui ramènent toutes choses, lois et conventions sociales au niveau de leur force musculaire, à la puissance de leurs besoins immédiats.

— Mais, disais-je à l'un deux, si cette situation se prolonge, la famine va devenir terrible.

Alors, un petit bonhomme, minable, résigné, me dit, très doucement.

— Oh ! oui, monsieur, fort heureusement que des Islandais sont revenus, ces jours-ci. Ils nous ont donné leurs restes de biscuits.

Une protestation du groupe accueille cette
résignation.

— Mendiant ! dit l'un.

Et l'autre, un farouche, d'ajouter :

— Est-ce qu'on meurt de faim à Dunkerque !
Si la grève dure trop longtemps, eh bien, nous
irons chercher du pain dans les boulangeries.
Il n'en manque pas des boulangeries à Dunkerque.

Puis on s'attaque aux patrons.

— Après ce temps-ci, proclame un gars dont
le torse large tend, à le faire craquer, un maillot
de laine ; après ce temps-ci, quand ils auront
signé, les négociants, ils ne pourront plus aller
à Malo-les-Bains, dépenser deux cents francs
à la parade.

A ces boutades, succèdent d'autres récriminations. On sait trop combien l'inaction est
mauvaise conseillère pour ces débardeurs bien
plus taillés pour le dur travail des ports que
pour l'art délicat de la parole.

Ils ont le geste vif. On l'a bien vu vendredi
devant la demeure de M. de Baecker que les

grévistes accusaient, à tort, d'avoir fait venir
des ouvriers d'Angleterre.

Cette bagarre de la rue du Collège a été sur
le point de dégénérer en émeute.

Presque l'émeute.

M. de Baecker m'a conté la chose. Il en est
encore tout surpris.

— On sonne, me dit-il, mon fils va ouvrir. Il
y avait devant la porte 1.200 hommes qui voci-
féraient. Mon fils, le plus jeune, prend peur. Il
repousse la porte qui se referme fort heureusement. La troupe arrive, le général en tête. On
les insulta. On les excita. J'ai vu un homme
ouvrir sa chemise et dire à un gendarme, en
offrant sa poitrine nue : « Mais frappez donc !
tas de lâches ! » Enfin, je dois vous dire que la
troupe a montré là un sang-froid auquel je ne
rendrai jamais assez hommage. La moindre
imprudence aurait eu les plus graves résultats.
Enfin, le maire est arrivé.

— Mais, demandai-je à M. de Baecker, qui
avait fait venir les ouvriers anglais.

— L'armateur anglais : c'était son droit. Voyez donc ! le bateau qu'il avait à décharger est peut-être loué 2.000 francs par jour ; calculez sa perte ! Les choses se sont arrêtées à temps. Si, comme les grévistes en avaient manifesté l'intention, ils étaient montés à bord du navire anglais, ils y auraient été reçus à coups de fusil. Le capitaine anglais était chez lui, en cas de légitime défense. En voyant accourir les grévistes, il avait arboré son pavillon national. Si ce conflit s'était produit, quel malheur !

Enfin, ajoute M. de Baecker, pour ce qui est de mon aventure, elle s'est heureusement terminée. On a amené Gérard, le président du comité de la grève. D'un mot, il a fait rentrer les grévistes dans l'ordre.

— Quel est ce Gérard ?

— Un homme extraordinaire, me dit M. de Baecker.

Le comité de la grève.

Ce n'est pas tous les jours qu'on a l'occasion de voir un homme extraordinaire. Je me mis à

la recherche de Gérard. Il est, me dit-on, à la
Chambre de commerce, en conférence avec les
autorités. Pour le joindre, il faut passer les
ponts : je les passe. Me voici en plein bivouac.
Les soldats d'infanterie, abrités médiocrement
sous des bâches, organisent, des feux pour cuire
le rata. La bise est froide, le sol est détrempé.
Les soldats grelottent ; ce sont, pour la plupart
— détail attristant — des réservistes de Dunkerque.

J'avise un gréviste. C'est justement un membre du comité de la grève. Nous causons des
récents évènements dont la demeure de M. de
Baecker a été le théâtre.

— C'est égal, dis-je, si la troupe n'avait pas
eu ce sang froid ?..,

Mon gréviste hausse les épaules.

— Qu'est-ce qu'ils auraient pu faire avec
leurs chevaux et leurs hommes. Est-ce que vous
croyez que nous n'avions pas pris nos précautions? Il y avait des gens de chez nous qui portaient des lignes toutes préparées pour entourer
les chevaux. Un cheval ainsi lié, on se serait

mis à dix pour le haler jusqu'à la mer, jusqu'aux bassins.

Il maugréa.

— C'est bête de nous envoyer toutes ces troupes. C'est bien la peine d'avoir Millerand au ministère pour qu'il nous encombre ainsi de soldats.

— Je vous trouve un peu révolutionnaire dis-je à mon gréviste.

— Faut pas rire avec le peuple, conclut-il sentencieusement.

Entre temps, mon gréviste me montre les listes d'adhésion au syndicat en formation.

— Nous serons trois mille demain. Après, l'on verra ! déclare le membre du comité de la grève.

Sur les marches de l'escalier monumental de la chambre de commerce, des ouvriers parlementent.

Mon compagnon s'avance :

— Gérard est-il là ?

— Voilà ! dit une voix rauque.

Et je vois un homme, petit, boulot, trapu,

roulant vers moi. Il me tend une main rude à
laquelle il manque un doigt.

— Ah ! c'est pour la « presse » ! me dit-il. Eh
bien, je vais vous donner des renseignements ;
mais ne restons pas ici, c'est plein d'espions !

— Comment ! on vous espionne ?

— C'est ainsi ! j'ai toute la journée des
agents de la Sûreté à mes trousses. On me fait
suivre.

— Qui ça !... le gouvernement ? Millerand ?

— Mais oui ! sans doute ! ça n'empêche pas
que nous arriverons à nos fins.

— Lesquelles ?

— Je vais vous dire ça ! Entrons au cabaret.

Le cabaret joue toujours dans les grèves un
rôle prépondérant. Suivi par quelques grévistes,
nous entrons dans un petit bar anglais. La bar-
maid, un peu surprise, nous sert des chopes.
Gérard me présente ses deux compagnons.

— Les deux vice-présidents de la grève,
Jean Valois et le citoyen Pierre Ancel.

Gérard a dit le mot « citoyen » avec quelque
timidité ; manque d'habitude sans doute.

— Nous avons pour ainsi dire gain de cause.
La grève va être terminée.

— Bon ! mais alors, dites-moi comment et
pourquoi elle a commencé, comme ça, tout d'un
coup, en bloc, sans préparation.

— Moi ! que voulez-vous que je vous dise ?
Tout ce que je sais, c'est qu'à deux heures,
nous nous sommes dit à quelques-uns : Faut
se mettre en grève ! Et, quatre heures après,
nous étions quatre mille.

— Tout de go ! Sans préambule ?

— Dam !

— Hum ! C'est bien extraordinaire.

— Ah ! mais, vous comprenez, ajoute un
vice-président, il y avait l'exemple du Havre,
de Marseille.

Gérard reprend la parole.

— Tu permets, citoyen, que j'explique au
citoyen journaliste les raisons de nos décisions.
Nous crevions de faim. Il fallait augmenter le
salaire.

— Alors, dis-je, ce n'est pas une œuvre politique que vous poursuivez ?

. — Ah! mais si ! Et vous pouvez le dire en mon nom ! En organisant les ouvriers du port de Dunkerque pour leur défense, j'ai fait œuvre de socialisme. Eux, les Flamands, ils ne savent pas ce que c'est que la politique.

. — Vous !... vous savez?

— Oh ! oui, me répond Gérard.

Et, spontanément, il me conte ceci :

— Vous rappelez-vous les luttes du Casino de Paris?... Gérard de Lille, dont on parlait tant... c'était moi ! Ah ! j'en ai eu, du succès... J'ai, chez moi, des articles que je ne donnerais pas pour tout l'or du monde.

— Bon ! mais revenons à nos moutons, c'est-à-dire aux grévistes. Vous allez faire un syndicat ?

— Oui ! car nos revendications étant justes...

— Pour tout le monde ?

— Oui, pour tout le monde ! La meilleure preuve, c'est que les négociants nous accordent ce que nous demandons sans rien retrancher, ce qui prouve que nous avions raison.

Les compagnons hochent la tête en signe d'assentiment.

Fort de ces dociles encouragements, Gérard ajoute :

- Tout n'est pas perdu pour attendre. Qui vivra, verra. Il faudra bien que les entrepreneurs nous rendent l'argent qu'ils nous « volent » depuis si longtemps.

Je n'insiste pas sur les paroles de Gérard. La grève de Dunkerque a pour meneur ce lutteur heureux. On lui reconnaît, à Dunkerque, des qualités extraordinaires.

Les grévistes le portent en triomphe en chantant sur un air de marche :

> *Gérard-Gé-rard !*
> *Il a fait son devoir !*

Voici, pour définir le rôle exact de Gérard, un dernier détail :

J'ai rencontré le chef du comité de la grève comme il venait de télégraphier à la *Petite République* la fin de sa grève.

— Une victoire socialiste, me dit-il.

— Ah! lui répondis-je, mais il se pourrait
que les patrons n'aient cédé que pour empêcher un conflit sanglant entre les grévistes et la
troupe.

En tout cas, ajoutai-je, si vous voulez prévenir utilement les directeurs de la *Petite République*, vous feriez bien de télégraphier à Dieppe.
Les citoyens-directeurs, Dejean et Gérault-
Richard y sont en ce moment.

Qu'adviendra-t-il de tout ceci?

Demain, un syndicat des ouvriers du port va
être constitué.

Nous assisterons à de nouveaux conflits.

Le syndicat des négociants aura à se défendre
contre le syndicat des ouvriers. La force syndicale, maniée par des débardeurs, pourra être
cause de troubles perpétuels, surtout si le syndicat se décore de l'églantine socialiste, ce qui
est à peu près sûr.

L'idée de former un syndicat a été lancée, à
Dunkerque, par M. Salambier, ancien maire
socialiste de Calais. Une délégation de grévistes,
Gérard en tête, portant tous l'églantine rouge

à la boutonnière, est allée à la gare chercher
M. Salambier. Ce nouveau venu a prononcé un
discours socialiste dont toutes les tirades pré-
conisaient l'expropriation capitaliste comme le
meilleur remède aux misères actuelles des débardeurs. Ces paroles creuses ont suffi aux estomacs creux des grévistes. M. Salambier est
reparti pour Calais, laissant derrière lui des
théories toutes faites à l'usage des simples
d'esprit.

Quoi qu'il en soit, il se confirme que le travail reprendra demain ou après-demain au plus
tard. Voici pour le présent. Pour l'avenir, le
calme n'est pas assuré. Quinze jours de chômage
dans un port comme Dunkerque, c'est un
désastre.

En veut-on une preuve ? Il est entré, durant
le mois d'août 1900, QUATRE-VINGT-DEUX NAVIRES
EN MOINS, que pendant le mois d'août 1899.

Voilà qui est significatif ! Et quand on songe
que le chef des grévistes nous affirme faire
œuvre politique, on ne peut que déplorer une
politique qui paralyse ainsi le commerce natio-

20

nal. Les craintes de l'avenir justifient cette parole d'une personnalité considérable de Dunkerque, laquelle me disait :

— Ah ! il serait heureux que ce ministère tombât le plus vite possible.

Les grévistes, moins courtois, disent :

— Ah ! nous en avons assez de Millerand, de son ministère et de ses soldats gardes-chiourme !

C'est déjà, sur un point, l'accord du capital et du travail contre un gouvernement qui soutient les divisions dans l'espoir d'assurer son règne.

4 sept. 1900.

UNE GRÈVE AU CREUSOT

AU CREUSOT

La grève de 1900.

Ville de fer et de feu, le Creusot avait avant les troubles, des coins de souriante verdure. La place du Guide, large comme le Carrousel, plantée de vieux sycomores, était un beau parc, égayé d'arbustes en fleurs. Au milieu de ce square, entouré de grilles, s'élevait un joli kiosque pour la musique. Lors des premières grèves, en mai 1899, les manifestants jetèrent bas la clôture ; au mois d'août de la même année, Maxence Roldes et son état-major convertirent le kiosque en tribune ; finalement tout a été démoli en juillet 1900 le square n'est plus qu'un terrain inculte, fréquenté seulement par les sans-travail et les enfants aux pieds nus qui viennent glaner les écorces que la sécheresse détache des arbres.

Le cyclone humain est passé par là. C'est une désolation. L'agitation socialiste n'a pas seulement troublé la paix des cœurs, elle a aussi bou-

20.

leversé le peu de nature véritable que la Société du Creusot réservait pour ses collaborateurs. Le calme des jours enfuis reviendra-t-il ? Les habitants de la grande cité industrielle sont partagés en deux camps, deux syndicats. Le syndicat numéro un, socialiste, composé des *rouges*, le syndicat numéro deux, simplement ouvrier, mutualiste, composé des *jaunes*. Voilà toute la querelle. Les rouges ne veulent pas que les jaunes travaillent. Les jaunes, trouvant la vie bonne au Creusot, veulent travailler en paix. Cette scission a des résultats malheureux. Les familles sont séparées ; des fils renient leur père ; des frères sont ennemis. Croit-on que les générations qui vont suivre seront plus liées ? Détrompez-vous. Sur le tertre qui fut le square du Guide, j'interpellai des enfants ramasseurs d'écorce.

Un petit gars auquel je m'adressai me dit, en me désignant une fillette qui rôdait autour de nous :

— Vous voyez la fille qui est là... Eh bien ! c'est une sale *jaune*.

— Et toi, qu'est-ce que tu es ?

— Je suis un rouge, comme papa.

— Qu'est-ce que c'est que çà, qu'un rouge ?

— Les rouges ? C'est ceux qui auront le Creusot pour eux, un jour.

Cet enfant traduisait, en termes exacts, le rêve agité devant les masses simplistes du Creusot par les orateurs socialistes de la grève de 1899.

— Ne détruisez pas cette mine, leur disait M: Maxence Roldes, car bientôt elle vous appartiendra.

La terreur socialiste.

Chaque matin, dans les faubourgs qui environnent le Creusot, les ouvriers ne se rendent à l'usine qu'accompagnés par deux pelotons de chasseurs à cheval.

C'est un triste spectacle que celui de ces hommes laborieux terrorisés par des centaines de malandrins qui comprennent singulièrement la liberté du travail. Sur le seuil des petites maisons que la Société du Creusot loue à ses

ouvriers, chaque locataire guette le groupe des
partants pour l'usine, et ce n'est que lorsque la
colonne passe devant sa porte qu'il s'y joint.
Pour rien au monde, il ne voudrait partir seul.

— Pourquoi ? demandai-je à l'un deux.

— Vous ne savez pas, me répondit-il, que
les rouges nous attaquent en nombre, et quand
nous sommes seuls. Si la troupe n'était pas là,
je n'irais pas à l'usine. Je gagne 4 francs par
jour, je chômerais bien huit jours en attendant
que ces histoires là finissent. Ma peau vaut mieux
que 32 francs.

Des hommes désireux de vivre sagement de
leur labeur sont obligés de marcher comme une
chiourme gardée par des cavaliers. A l'ouvrage,
des soldats d'infanterie les protègent. Rentrés
chez eux, ils doivent subir les avanies de voisins
qui pensent différemment. On s'insulte de porte
à porte. Le soir, quand les hauts fourneaux
incendient le ciel d'une lueur rouge intermit-
tente, on a des visions d'enfer. Des voix colé-
reuses hurlent dans l'ombre. Dans les ruelles,

sur la pierre chauffée par le soleil du jour, des noctambules affalés à terre maugréent.

Internationalisme.

— Ce n'a pas été cette fois un mouvement gréviste, déclare M. le docteur Robillard, maire du Creusot. Nous nous sommes trouvés en face d'une tentative révolutionnaire. Le mot d'ordre a dû venir de Genève. Il n'y avait aucune raison pour que la grève éclatât. Depuis l'arbitrage de l'an dernier, on a souvent renvoyé des ouvriers pour le même délit que cette fois. Il n'y a rien eu alors. Pourquoi cette révolte aujourd'hui, alors que même les délégués du syndicat n'avaient pas fait la démarche préliminaire prévue dans les conventions ? Non, c'était bel et bien une attaque contre l'usine. Nous avons trouvé des hommes qui avaient dans leurs poches des sacs pleins de boulons et des lance-pierres pour les transformer en projectiles. D'autres avaient à la main des limes emmanchées en guise d'arme. Sûrs de l'appui

ministériel, ils allaient de l'avant. Mais, cette
fois, nous avons eu affaire à un préfet énergique. Les députés socialistes n'ont pas pesé
lourd ici. C'est alors que les *rouges*, voyant que
leurs députés s'en allaient et que la troupe
venait, ont été frappés de stupeur. — « On nous
a changé notre Millerand ! » disaient-ils.

Charleux se désole.

Charleux a, au Creusot, la situation que
Basly avait jadis à Anzin, avant d'être député.

En quittant M. le maire, j'ai été au cabaret
de Charleux. Le président du syndicat n° 1, du
syndicat rouge, Charleux, servait de rares con-
sommations à de non moins rares consommateurs.

Il n'a qu'une phrase qu'il répète constamment.
La voici :

— Le ministère vous lâche. Mes amis, faites
en sorte qu'on vous reprenne à l'usine ou quittez le Creusot. Mais rien à faire en ce moment.
Il faut attendre des jours plus favorables.

Oh ! la bonne âme !

Ceux qui restent.

Ils sont de plusieurs sortes.

Charleux leur dit bien : « Quittez le Creusot ! » Mais comment le pourraient-ils, ceux
qui n'ont ni vivre ni couvert ? De l'évaluation
même de M. le maire, il y aura ici cette semaine
en juillet 1900, au Creusot, six cents hommes
sans emploi, et j'ajouterai même sans métier.
Pour la plupart, ce sont des manœuvres, des
bras, des bras, et rien de plus. Où iraient-ils et
qui voudrait les employer. Leur chemise rouge
effraie. Je n'insiste pas. Si des troubles naissent
de nouveau au Creusot, ils auront pour cause
cette légion de jeunes gens que la faim commence à tenailler.

Il y a aussi ceux qui restent pour travailler.
Ils sont la majorité. Attachés au Creusot par des
souvenirs de famille et d'enfance, c'est leur
patrie ; ils se sacrifient pour elle.

Voilà, tel qu'il est, le Creusot. Un pays de
poussière, de fumée, de chaleur et d'ennui. Le

travail n'y est plus joyeux, car on prévoit la rareté des commandes. L'usine traverse donc une crise. C'est un nouveau Creusot qu'il faut refaire. La besogne est ardue, car le commerce de la ville est atteint dans ses forces vives.

Ceux qui partent.

Les gars à chemises rouges, aux pantalons à patte, restent, les bons ouvriers s'en vont.

J'étais à la porte, ce matin. Un individu, proprement habillé, se présente au guichet.

— Donnez-moi, dit-il, pour la caisse d'épargne, une feuille de remboursement intégral s'il vous plaît ?

Nous causons. C'est un ouvrier ajusteur. Il quitte volontairement l'usine et m'assure qu'il y en a plus d'une centaine dans son cas.

— Savez-vous, me dit-il, que la vie n'est plus tenable ici ! On est toujours dans la bagarre, il n'y a que des chourineurs ou des gendarmes. Je m'en vais. J'aime mieux gagner moins et être plus tranquille.

Ni rouge, ni jaune, celui-là est un indépendant, un bon ouvrier de France, un de ceux que les socialistes appellent des réfractaires.

Charleux dirait que c'est un vil capitaliste, car il quitte le Creusot avec quelques centaines de francs, ses économies et il va porter ailleurs la force de ses bras, et sa petite science d'ouvrier.

Le Creusot, 20-26 juillet 1900.

A Autun.

L'essai de grève tenté par quelques meneurs, au Creusot, vient d'avoir son triste épilogue au Palais de Justice de la vieille et bonne ville d'Autun.

C'est un modeste immeuble élevé face à la cathédrale, sur une place où des tilleuls séculaires versent une ombre paisible et bienfaisante, et dans le voisinage duquel la maison d'arrêt ouvre le gouffre sombre de sa porte grillée.

Dès hier, le tribunal, présidé par M. de Villebichot, a commencé sa pénible besogne.

21

...Peu d'acquittements, beaucoup de condamnations, malgré l'attitude très radoucie des délinquants...

On appelle l'affaire du premier accusé, un nommé Baclot.

Un garde assermenté de l'usine, cité comme témoin, s'avance à la barre.

— J'ai vu, déclare-t-il, Baclot, dans un état d'exaltation violente, encourager les ouvriers à cesser le travail. Il parlait d'aller démolir les courroies de transmission. Baclot est un meneur fini !

Baclot est le type de l'ouvrier *sublime.* Cheveux ramenés sur le front, avec mèche à la Girardin ; regard dur, les deux yeux enfouis dans la profondeur des orbites ; barbe noire, inculte ; face d'illuminé. Il dodeline constamment de la tête. C'est un tic. Naturellement Baclot proteste.

Le président de Villebichot le ramène à la réalité. Il lui rappelle son casier judiciaire et les propos qu'il aurait tenus au sujet des courroies de transmission.

— Je l'ai pas dit, murmure Baclot d'une voix à peine distincte.

Ci : deux mois de prison.

L'accusé suivant, un maçon, a crié pendant la bagarre :

— Chargez sur les gendarmes... Chargez !

Celui-là, Désiré Marchand, est une sorte d'ingénu, qui, les mains sur ses genoux, semble indifférend à ce qui se passe... Il ne nie pas le propos dont il est incriminé :

— J'ai dit ça comme un enfant, sans méchanceté pour personne.

Il ne nie pas davantage ses antécédents.

— J'ai subi, il y a dix ans, à Aubusson, une condamnation pour ivresse !

Ci : 15 jours de prison.

Eclipse socialiste.

L'audience est levée. Les deux condamnés, liés ensemble par une « menole » unique, traversent la place où l'ombre des tilleuls a grandi. Les deux acquittés, encadrés, eux aussi, par des gendarmes, pénètrent à leur suite dans la prison.

La lourde grille est refermée. Les rares assistants retournent à leurs affaires. Le quinconce est presque désert. Seules, sur un vieux banc de pierre, parlant bas, trois femmes sont assises. C'est la sœur de Lariette et c'est la femme de Lagrange — les deux acquittés.

Pendant la demi-heure précédant la levée d'écrou, ce fut entre les deux femmes, qu'accompagnait une amie, un dialogue d'une mélancolie poignante.

— Oui, je sais bien, disait Mme Lagrange, une petite femme au visage hâlé ; oui, je sais bien que c'est votre frère.., mais moi, c'est mon mari... c'est lui qui fait aller la maison. S'il avait été condamné, comment donc aurais-je fait pour vivre... Mon mari, c'est mon gagne-pain.

— Tout ça, reprenait la sœur de Lariette, tout ça, c'est leur politique, leur damnée politique. Je voudrais qu'ils aillent au diable, tous ces députés voyageurs ! Ils viennent pour chauffer les têtes... Mais où sont-ils aujourd'hui que les prisons tiennent les ouvriers sous leurs verroux ? Ils ne sont pas là pour nous défendre !

— C'est toujours la même chose, allez, conclut madame Lagrange... C'est à nous à nous tirer de là comme nous pouvons... C'est pas les députés socialistes qui viendront payer le boulanger de ceux qui sont à l'ombre pour les idées des autres !

Enfin, les deux acquittés franchirent, d'un pas timide, la grille de la maison d'arrêt. Sans un mot, ils se jetèrent au cou des braves femmes, qui les attendaient là, si seules, si angoissées, depuis de mortelles heures. Et, après quelques minutes consacrées à ces effusions bien légitimes, ils reprirent le chemin du Creusot.

Autun, 24 juillet 1900.

PEINTS PAR EUX-MÊMES

ALLEMANE CONTRE FABÉROT

L'élection du XIᵉ. — Les lamentations de Jaurès. — Page oubliée.

Les allemanistes ont repris la devise d'Anacharsis Clootz : *Peuple, guéris-toi des individus.*

M. Allemane, candidat ministériel au siège de M. Baudin, voudrait bien, lui, se guérir de M. Fabérot. Cette lutte de deux socialistes pour un mandat que convoite M. Max Régis provoque chez le citoyen Jaurès un déluge de récriminations. Le corédacteur en chef de la *Petite République* apporte à ces deux frères ennemis un remède assez en faveur dans le monde socialiste. Il leur propose l'arbitrage.

— Faites cesser, leur dit-il, cette division funeste... ne vous déchirez pas devant le plus détestable des adversaires !

Mais, pendant qu'à la première page de l'organe socialiste le citoyen Jaurès agite son rameau d'olivier, à la troisième page on préco-

21.

nise la candidature Allemane en publiant le
résultat des quêtes en sa faveur. Soit : 19
francs 65.

Quant au citoyen Faberot, on l'excommunie !

Pourtant, en saine logique, il y aurait peut-
être moyen d'expliquer un peu clairement la
situation.

Aux élections de 1898, M. Faberot, député
socialiste de cette même circonscription, se
représentait contre M. Baudin, candidat radical.
M. Faberot fut battu.

Aujourd'hui, M. Baudin, élu sous d'autres
cieux, quitte la place. M. Faberot, en brave
homme de chapelier qu'il est, ne médite pas
longtemps sur le parti à prendre.

— Je remonte sur la brèche, se dit-il.

Et il trouve un concurrent ! Un radical ? Non.
Un socialiste ? Oui. Et lequel ? Allemane, son
meilleur compagnon d'armes. C'est à désespérer de la nature humaine.

On conçoit l'effarement de M. Faberot.

Nous allons aviver sa douleur en rappelant
quelques idées anciennes du citoyen Allemane.

Le 28 mai 1898, le ci-dessus Allemane jugeait ainsi, dans son journal, l'élection du XIe. Le titre est déjà un poème. Mais dégustez le reste :

BAUDIN, FOR EVER

« M. Baudin neveu est devenu député de la Folie-Méricourt, circonscription qui, paraît-il, se trouvait humiliée d'être représentée par un modeste ouvrier chapelier.

« Cela vous incite à examiner brièvement les deux hommes.

« Baudin neveu entra dans la vie politique le jour où Paris républicain, voulant protester contre le réveil du césarisme, s'en fut manifester sur la tombe de son oncle. Or, dès ce moment, Baudin neveu *songea à exploiter la mémoire de l'héroïque représentant du peuple* :

« — Dites-donc, me glissa-t-il à l'oreille, on me propose comme candidat. Dois-je accepter ?

« Étonné, je lui fis observer combien serait inconvenante cette attitude d'un tout jeune homme, qui n'avait à son acquis que « d'être le neveu d'un homme mort pour la République ».

« Depuis le jeune homme a fait son chemin !... et Folie-Méricourt s'en peut énorgueillir.

« Quant au citoyen Faberot, il fut de ceux qui, le fusil au poing, défendirent la République chaque fois qu'elle fut

en danger. Son éloquence naturelle ne s'ingénia jamais à
« broder » des compliments en l'honneur d'un pendeur
d'hommes libres ; elle ne lui servit qu'à grouper ses frères
de travail soit corporativement, soit politiquement, et cinquante années — un demi-siècle ! — de travail et d'hon-
nêteté valent certainement, pour les plus exigeants, *la série
de finasseries dont se compose tout le bagage de Baudin neveu*, qui, m'assure-t-on met le comble à l'orgueil de
la Folie-Méricourt.

« J'ai assez combattu, pour arracher ce quartier aux
mains des politiciens qui l'émasculaient, pour savoir que
le vent de réaction et de faux amour-propre qui l'a rejeté
dans le camp bourgeois — aussi bien que la circonscription voisine — ne tardera pas à s'apaiser.

« *Le règne de Baudin neveu sera éphémère.*

« J. ALLEMANE ».

Or, le citoyen J. Allemane, assuré que le
règne du « jeune » Baudin n'est pas actuellement éphémère, n'hésite pas, en socialiste pra-
tiquant et pratique, à profiter de l'influence
ministérielle pour arracher à son profit cette
circonscription.

Quant au vieux Faberot, il consacrera son

« éloquence naturelle » à faire l'article pour sa
chapellerie.

C'est ainsi que, dans l'humanité socialiste,
élargie, lumineuse et libre — comme dit Jaurès — on pratique la solidarité.

21 octobre 1900.

A la date du 16 juillet 1898, on pouvait lire,
dans le journal dirigé par M. Allemane, cette
réponse à MM. Jaurès, Gérault-Richard, etc.

FARCEURS !

. . . .

« Mais, de grâce, qu'il soit interdit *à ces*
« *embrigadés, à ces démocrates de parade,* de
« parler socialisme, de venir prôner l'union
« socialiste...

« Le socialisme de qui ?... de M. Millerand,
l'habitué des réceptions de M. Léon Bourgeois ?
de M. Baudin, l'élu du patronat ?... L'union
socialiste avec qui ?... *Avec M. Millerand, l'é-
missaire du radicalisme venu au socialisme
pour l'arrêter dans sa marche en avant, le*

détourner de son but de haut idéal, le noyer dans on ne sait quelle bouillabaisse radico-fumisto-nationaliste ?... Avec M. Pierre Baudin, à qui rien n'a coûté ni coûtera pour décrocher la timbale ?...

« Non ! mais nous voyez-vous faire l'unité socialiste avec ces farceurs-là ! »

. . . .

M Allemane est, depuis dimanche, rallié à l'unité selon Jaurès.

5 octobre 1900.

LES AVEUX DE JAURÈS

Je vais une fois encore évoquer le sourire inquiet de Jordery-l'Ajusteur dit Vieux-Ami, de Godard-le-Forgeron, de tous ces socios irréductibles qui vont enfin-être convaincus.

Au cours de ces extraordinaires conversations qui eurent lieu au Fort-Chabrol de Montceau entre ces rouges rougeoiant et moi, je ne leur cachais pas ma façon de penser ni ma manière d'agir. Je ne leur cachais pas qu'il existait de par le monde certain patron exploiteur.

Et comme ces socios ne demandaient qu'à savoir, je leur fis connaître que les principaux tambourinaires du parti socialiste étaient grassement payés, que Jean Jaurès touchait pour encourager le peuple à la souffrance la bagatelle de *quinze cents francs par mois*, que Gérault-Richard — un nom prédestiné! — touchait pareillement autant d'or, etc., etc.

J'ai laissé à entendre que les directeurs du mouvement socialiste étaient avant toute chose des esclaves du capital.

Jean Jaurès, esprit subtil, est de mon avis. Voici ce qu'il écrit dans la *Petite République* du mardi 9 avril 1901. C'est tout frais :

« *En tous cas, les journaux socialistes reste-*
« *ront nécessairement une propriété privée, une*
« *propriété industrielle : et la propagande de*
« *notre parti aura une base capitaliste et mer-*
« *cantile.* »

Une base capitaliste... et... mercantile! Vous avez lu? Mon pauvre Godard-le Forgeron e vous Vieux-Ami qui rêvez encore, communisme, révolutionnaire, internationaliste... Que sais-je ?

Capitaliste ? C'est-à-dire la hiérarchie des grades, des appointements, des situations, l'échelle humaine des intelligences, tout ce que le collectivisme des Jaurès, des Viviani, des Létang, des Rouanet, reproche aux classes de la société. Vous avez lu ?

Une base mercantile ! Mercantile ? Voilà pour vous, bons socios, un mot assez rare. Aidons-nous, si vous le voulez bien de quelques dictionnaires. Ils disent tous :

MERCANTILE : qui concerne le commerce, intéressé : *esprit mercantile.*

Voilà qui est net. Alors tous ces grands sentiments humanitaires, toute cette grandiloquence larmoyante, cette pitié pour les souffrants. C'est un négoce ?

Le socialisme contemporain avec ses emportements, sa fièvre de révolte, ses vains désirs d'organisation, c'est un commerce ?

C'est pour la réussite financière d'une entreprise commerciale que depuis des jours, des mois, des années, le peuple se serre le ventre, écoute la vieille chanson communiste arrangée sur un air nouveau, c'est pour faire la fortune des marchands de papier rouge que ce peuple se prive, vit d'espoir et se prépare à la grande bataille toujours promise, jamais engagée.

Alors, l'Idée, la fameuse idée socialiste qui devait par la toute puissance de sa nouveauté affranchir les peuples de la terre, n'est qu'une vulgaire denrée commerciale, sujette à falsification ?

Pouah ! la vilaine chose !

Lors d'une récente polémique le directeur du *Petit Sou* intitulait son article de cette manière impérieuse : *Jaurès parlez !*

M. Jean Jaurès vient de répondre.

Il a, comme on dit, « débiné le truc ».

Ce qui prouve que le truc socialiste est dans la débine.

14 avril 1901.

TABLE DES MATIÈRES

Pages

Index des Noms cités

I

J

L

M

W

WALDECK-ROUSSEAU, 14, 34, 64, 91, 96, 116, 135, 138 à 143, 158, 164, 181.

WILLIEZ (*Mgr. évêque d'Arras*), 32.

Z

ZÉVAÈS, 3, 9, 18.

ZOLA, 264.

LAVAL. — IMPRIMERIE PARISIENNE, L. BARNÉOUD & Cⁱᵉ.